FOODIE, C'EST QUOI?

フーディーって何だろう?

...ンスでいうところの「FOODIE」とは、「お腹を満たすために食事をするので...『食べる』ということに楽しみを見いだす人」だそう。高級ワインや食材...い美食家なら「GOURMET（グルメ）」。FOODIEはというと、フィガロ紙...ャー版『フィガロ・スコープ』に目を通し、食の情報には敏感。新しい店...拓することに好奇心が旺盛な人たち。

...リのFOODIEは、徹底して「コスパ重視」。食に限らず、フランス人...払ったお金や労力に見あったものが得られるかはものすごく大事で、...前に流行りだした、25～30ユーロくらいする週末の「ブランチ」には、...の値段は高すぎ！」と見向きもしない人も。

...もうひとつ大事にしているのは、哲学好きなフランス人らしく、「店...姿勢に共感できるか」ということ。いくら美味しくても、店主の...ービスから感じるその店のマインドに納得できなければ一度きり。...感できると、とことん愛してしまうのでした。

...ル料理、というように、トレンドはあっても決して「流行は追...の持論。世界的なブームがパリに上陸したころには、ほかの国...っていた、なんてことも珍しくありません。

...はとことんこだわるけれど、ちょっぴり鈍くさく、うんちく...坊。そんなパリのFOODIEたちと、魅惑の食体験へ！

PAR
FOO

パリ　レスト

パ

フラ
はなく、
に目がな
のカルチ
や食材を開
　加えてパ
にとって支
　10年くらい前
「卵料理にこ
　それから、
のコンセプトや
人柄や食事、サ
逆に少しでも共
今ならイスラ
わない」のも彼ら
ではとっくに終わ
自分のスタイル
が大好きな食いしん

2

À PROPOS DE PARIS

パリ市について

　パリの真ん中には、東西にセーヌ川が流れていて、北側が「右岸」で南側が「左岸」。ざっくりした位置づけでは、右岸が商業地区で左岸が文化地区。中心地の1区を起点に、20区までがエスカルゴの殻のようにくるっと並んでいます。それぞれの界隈に独特の個性があって、永遠にすべては知り尽くせない奥深い街、パリへようこそ！

PARIS FOODIE CONTENTS

2 FOODIE,C'EST QUOI? フーディーって何だろう？　10 パリを美味しく食べるための基礎知識

12 本書の使い方　14 **Foodie's Key Words** フーディー・ブームを読み解くキーワード

20 知っているとパリがもっと楽しくなる用語集

21　Chapter1　**Avant tous, le français**
やっぱりフレンチ！

22　フレンチレストラン&ビストロ　ル・メルモズ
23　ミュウ
24　ビリリ
25　ル・ククー
26　ル・サジテール
27　ル・キャドレ
28　コム・シェ・ママン

29　スカリア
30　コーリュス
31　日本人シェフによるフレンチ　ヴィルチュス
32　レストランKozo
33　ボタン・デ・ラ・ヴィーニュ
34　ル・ジャンティ／ル・975
35　オ・プリュム／
　　ル・コンセール・ドゥ・キュイジーヌ

36　column 01　レストランではのんきが一番！

37　Chapter2　**Découvrir les restos ultra-populaires!**
超人気店を探ろう！

38　話題の店　フルギュランス
39　モコナッツ
40　アダー
41　ホーリーベリー 5
42　パパ・プウル

43　地元民に愛されている店　ランデュストリー
44　パリ・フェニ
45　パレ・ドゥ・ペルポー／
　　カフェ・デュ・コアン
46　パリサード／
　　ラ・フォンテーヌ・ドゥ・ベルヴィル

47　Chapter3　**Allez, selon votre humeur!**
気分に合わせてGo！

48　肉料理　マミー・ビドシュ
49　ラ・ロティスリー・ギャロパン
50　シーフード　モビリス・イン・モビリ
51　ジュスト
52　その他　ル・ルレ・ガスコン
53　スタジオ アルクール パリ

54　ブイヨン・シャルティエ
55　ラ・クーポール
56　ア・ノスト
57　ル・カフェ・デ・シャ
58　食事がメインのカフェ　カフェ・メリクール
59　カフェ・スークープ

60　column 02　文化や歴史も丸ごと伝達。日本食材に魅せられたフランス人

61 Chapter4 **L'exotisme à Paris**

パリで異国気分

62 (アジア系) トラン・トラン・ザイ	67 (イタリア) ガルム
63 ル・グラン・ボル	68 クッチーナ
64 温州正宗点心／マイ・ド	69 プルチネッラ／イースト・マンマ
65 (中東〜アフリカ) オ・ボン・ザミ	70 (ブラジル) ガブリエッラ
66 ベー・エム・カ	

71 Chapter5 **Sympa, Original, et pas cher!**

チープでも楽しく！

72 (お安いけど楽しい店) ラ・バージュ・デュ・クルー・ドゥ・パリ（パリ市学生食堂）	79 ル・ビシャ／ル・グラン・ブレゲ
73 マドレーヌ寺院食堂	80 ソウル・キッチン／ソー・ナット
74 阿國餃子館	81 (ファストフード系) オノ・ポキ
75 シェ・ヴィクトール	82 アトリエ・ポキ
76 ル・ドラポー・ドゥ・ラ・フィデリテ／カフェ・ランデヴー	83 ラリショー
77 (流行りのキャンティーン系) シェ・コレット	84 ラ・ドロゲリー／フレンチー・トゥ・ゴー
78 ル・ギャルド・モンジェ	

85 Chapter6 **Le bonheur du petit café**

魅惑のカフェ巡り

86 (サードウェーブ系) ドース	95 オノー／クチューム・アンスティチュ
87 ザ・ビーンズ・オン・ファイア	96 (くつろぎ系) レ・ドゥ・オ・コアン
88 ラ・カフェオテーク	97 ル・ロック・ホテル＆スパ
89 オブ・ラ・ディ	98 メル、ミック＆マルタン
90 シロン	99 コダマ
91 グッドニュース・コーヒーショップ	100 ブロークン・ビスケット／ル・バル
92 オー・コーヒーショップ／ラ・カンパニー・デュ・カフェ	101 ブランシュ／ハノイ・コーナー
93 ヘキサゴン・カフェ／ロミ	102 オープ／ブラックバーン・コーヒー
94 フリンジ／ラジオデイズ	103 マタマタ／ホテル・パティキュリエ・モンマルトル
104 (column03) 便利に使える！　スーパーのイートイン	

7

105 Chapter7 **On se fait un apéro?**
アペロ文化を体験

106 ワインバー ラ・カーヴ・ドゥ・ベルヴィル

107 ヤード

108 クー・ドイユ

109 ル・シャ・イーヴル

110 ラ・カーヴ・オ・リオン

111 フレディーズ

112 ル・ベル・オーディネール

ビストロが経営するワインバー
113 フルギュランス・オン・ファス／
セプティム・ラ・カーヴ

114 クラフトビールバー
パナマ・ブリューイング・カンパニー

115 ラ・ファイン・ムース

116 フォーヴ・クラフト・ビエール

117 アウトランド

118 ちょっとエレガント系 ホテル・ナシオ
ナル・デ・ザール・エ・メティエール

119 ジャズバー カフェ・ユニヴェルセル

120 スポーツバー ザ・フロッグ＆ロスビフ

121 Chapter8 **Une vraie addiction française**
食べ尽くしたいパティスリー

122 パティスリー（ケーキ屋さん）
ヤン・クヴルー

123 ラ・パティスリー・シリル・リニャック

124 カ・エル・パティスリー

125 デ・ガトー・エ・デュ・パン

126 獺祭×ジョエル・ロブション

127 ラ・パティスリー・デュ・ムーリス・パー・
セドリック・グロレ

128 ムッシュー・キャラメル

129 ショコラティエ ディディエ・フーロー／
プラーク

130 その他 スクープ・ミー・ア・クッキー

131 ラ・カーヴ・ア・デセール

132 ハウス・オブ・スリー・ブラザーズ

133 ンー・ドーナッツ／グラシエール 1891

134 シャカン・セ・グー／
グラース・バシール

135 Chapter9 **Oh la la J'adore le pain!!**
食べずに帰れない愛しのパンたち

136 トラディショナル系 ル・ブーランジェ・
ドゥ・ラ・トゥール

137 ボリス・リュメ

138 ブレ・シュクレ／
ブーランジェリー・ガナ

139 ユートピー／パニフィカ

140 レトワール・デュ・ベルジェー／
リベルテ

141 ニューウェイブ系 ボー・エ・ミー

142 ザ・フレンチ・バスターズ／
ブノワ・カステル

143 テン・ベルズ・ブレッド／サーカス

144 column 04 パリに来たら食べたい！ 厳選クロワッサン

145 Chapter10 **Le sandwich, la classique**
フランス人のソウルフード、サンドイッチ

146 バゲットサンド ラザール
147 シェザリーヌ
148 レピスリー・ル・ヴェール・ヴォレ
149 シェ・アラン・ミャム・ミャム

150 グルメバーガー ル・ルイソー
151 ブレンド／パンダ・ベルヴィル
152 ブルル／シェ・ハンナ

153 Chapter11 **Manger comme vous voulez**
楽しみ方自由形

154 フードコート ラ・フェリチータ
155 ラ・リサイクルリー／
グラウンド・コントロール
156 マルシェ アンファン・ルージュの
屋内マルシェ

157 アリーグルのマルシェ
158 バスティーユのマルシェ
159 デリ レ・デリス・ドゥ・クレタ／
モノプリの惣菜コーナー

160 パリで買いたいおみやげ図鑑

162 MAP別：カルティエ（エリア）紹介
164 MAP　　PARIS全体図
166 MAP1　シャンゼリゼ／バティニョール,etc.
168 MAP2　エッフェル搭／モンパルナス,etc.
170 MAP3　モンマルトル/SOPI/ポワソニエール/メニルモンタン/オベルカンフ/モントルグイユ,etc.
172 MAP4　カルチェラタン／シャロンヌ,etc.

174 column05　パリ メトロ乗り方ガイド

175 おわりに

パリを美味しく食べるための基礎知識

移 動 手 段

　パリ市内なら、どこへ行くにも、たいてい徒歩10分以内の距離にはメトロ（地下鉄）の駅がある。便利なのだが、パリのメトロは『花の都』と呼ばれる街のイメージからはほど遠いほど汚いし臭い……。そのためパリジャンはバスや徒歩を好む。メトロは一駅の区間が短く、2〜3駅の距離ならじゅうぶん徒歩圏内。基本的にパリジャンはよく歩くから、女子も圧倒的にスニーカー派だ。

　また、電動の『シェア・キックボード』の利用者も多い。事前にアプリのダウンロードやクレジットの課金、ID認証などが必要で、QRコードを読み込んで1ユーロで解錠したあとは、1分ごとに0.15ユーロ(18円)。最高時速25km/hと、かなりスピードも出る。

　タクシー乗り場は、観光スポットやメトロ駅付近の青い看板が目印。配車サービス『Uber』を利用する人も多いが、最近は「ドライバーからドタキャンされる」「渋滞時には割高」といった不具合も多いので、古来のタクシーに戻る人も少なくない。タクシー会社なら、アプリから予約できる『G7』が信頼できる。

レストランの形態、営業時間、予約方法

　ミシュランの星がついているような高級レストランは、フォーマルな装いで行く特別感のあるところ。ビストロはカジュアルな雰囲気で、ともにランチはだいたい12時から14時。ディナーは早いところで19時ごろから、ラストオーダーは22時半前後。ブラッスリーは、元は「ビール醸造所」という意味で、店も広く、メニューもステーキからオムレツなど、一般的なものがそろっている。朝から夜遅くまで通しで営業しているところも多い。

　早めに夕食を済ませてゆっくりしたいときなどは、こうした通し営業（「service continu」または「non stop」と看板に書かれているのが目印）の店か、18時くらいから「ちょい飲みタイム」を設けている小皿料理を出す店へ。カフェも、サンドイッチやキッシュ、サラダなどの軽食なら一日中提供している店もある。

　人気店は2〜3週間前からの予約が必須だったりするが、それ以外の店でも基本的に予約したほうが無難。最近は予約サイト『LaFourchette.com』を使うのが一般的。このサイトを通して予約した場合に適応される割引き料金や、特別セットメニュー、貯まると支払いに充当できるポイント制度もある。

値段の目安とチップ

　2つ星や3つ星のレストランは、ランチで100ユーロ以上、ビストロだと昼は20~30ユーロ、夜はドリンク代も入れて50~80ユーロといったところ。外食の値段には、アルコール類は20%、それ以外は10%の税金がすでに含まれている。サービス料は加算されていないところがほとんどだが、チップは強制ではなく自分次第。フランス人はまったく置かない人もいる。現金で支払うときは、お釣りの端数に、頭数も考慮しつつ少しプラスする感じ。カードの場合は、会計の額にもよるが、ビストロなら10ユーロ程度を現金で置くか、チップ分を加算した額で会計してもらう。割勘の場合は、一人ずつカードで支払える。

　ちなみに、うっかりミスが多いので、支払い時にはレシートは必ず確認を。

オーダー方法

　日本から来た方からはよく「コース料理は多すぎて……」という声を聞くが、コースが基本の超高級店以外なら、メイン料理だけのオーダーでもまったく問題ない。メインをとらずに前菜2種類にデザート、といった変化球もOKだ。

　また「付け合わせはフレンチフライの代わりにサラダが良い」など、わりと自由に希望を聞いてもらえるので、何でもとりあえずお願いしてみるのがいい。

　パリの水道水は水質が良いので、炭酸水など、特にミネラルウォーターを希望するのでなければ、無料のサービスウォーター（カラフ・ドー (carafe d'eau)）でも。パンはどこでも無料サービスで、おかわりもできる。

　注文は、まず食事と飲み物をオーダーし、食べ終わって皿を下げた後で、デザートのメニューが渡される。デザートがいらないときは断り、コーヒーだけ頼むならこのタイミングで。コーヒー類はデザートが終わってから、という店もある。

　ありがちなのは、メニューに書いてあるのに実際にはないこと。「ああ、またか」くらいに流そう。

エトセトラ

　フランスは意外なほどあいさつが徹底している国。「ここに行くにはどうしたら……？」とおまわりさんに声をかけたら、「まずはボンジュールからでしょう」とたしなめられたこともあった。なのでレストランでもブティックでも、店に入ったらまず、昼は「ボンジュール」、夜なら「ボンソワール」。出るときは、「メルシー」や「オールヴォワール（さようなら）」とあいさつしよう。

　ビストロなどは、外に看板がない店も多い。これは、右から、左から、正面から、と看板が見える角度が増えるごとに税金が加算される仕組みのせい。「ここで良いのか!?」と不安になるが、店名が入ったメニューの紙がどこかにちんまり貼ってあったりする。また、7月下旬から8月にかけては、3～4週間ほどバカンスで閉める店が多いので、その辺りに訪れる場合は、店のサイトで事前チェックがマストだ。

本書の使い方

　本誌は、食にこだわりをもつパリの人々が、日常的に足を運ぶ店や、お気に入りの店を紹介するというコンセプトのもと、エリアごとに店を紹介するほかのガイドブックとは違う作りになっている。章立ては、店のジャンル別にまとめているので、「パリに来たら、やっぱりフレンチが食べたい！」というときはChapter1を、安くて美味しい店を探したいときはChapter5など、そのときに食べたいジャンルでお店選びができるようになっている。行きたい店を見つけたら、巻末の地図（P164-173）で場所を確認して出かけよう。逆に、現在地の場所を地図で見つけ、近くにどんな店があるのかを調べて、その店の説明を読むという逆引きもできる。

店 紹 介 の 見 方

エリア名
お店のあるエリアを示す。

MAP 地図
掲載ページ数と地図上の店の番号。

住所
RueやAv.（Avenueの略）、Bd.（Boulevardの略）は、「ストリート」の意味。Av.やBd.は大きめの主要道路。Pl.（Placeの略）は、広場やラウンドアバウト（環状交差点）を示す。

地下鉄の最寄駅
丸囲みの数字やアルファベットが路線で、その後が駅名。徒歩圏内にいくつかある場合は、一番近い駅2つを掲載。

電話番号
01から始まるのがパリとその近郊。06や07は携帯電話。09などは特殊な回線。

営業時間
24時間で表記。12月24、25日と1月1日はほとんどの店が休業。8月には3週間ほどバカンスを取る店が多い。また、表記どおりの時間や営業日に開いていない、などのアバウトさもあるので注意。

€ 値段の目安
€＝1人15ユーロ以内
€€＝40ユーロ以内
€€€＝80ユーロ以内
€€€€＝80ユーロ以上

※店舗情報は、2019年11月現在のものです。

住所の見方

　各道路には、角などに青いプレートで道路名と区名（Arr. : arrondissement の略）が記してあるのでわかりやすい。番地は、道の片側が偶数で、反対側が奇数。「20」のすぐ向かいが「21」というように、必ずしも近いとは限らず、数十メートル離れていることもあるので、タクシーなどで番地を伝えるときには注意しよう。

　番地は、セーヌ川に向かうほど小さくなっていくので、迷子になってもセーヌ川にはたどり着ける。

　住所の最後にある5桁の数字は郵便番号で、頭の2桁が県を示し、パリは「75」。末尾の2桁が区を示している。「75001」なら、パリの1区、の意味。支店の住所などで「77」や「92」などから始まるものがあったら、パリ郊外にある。

　「Rue Richard-Lenoir」と「Bd. Richard-Lenoir」のように、同じ名前で「Rue」と「Bd.」などがある場合は、まったく別の道で、かなり離れていることもある。「35bis」などと番地の後についているときは、同じ番地にある別棟のことを指す。

地図の見方

駅名の隣にあるのが、その駅を通る地下鉄のライン名。無料の地下鉄マップはどの駅でももらえる。

13

Foodie's Key Words

フーディー・ブームを読み解くキーワード

Restaurant Italien

イタリアン

その昔、フランスのイタリア料理といえば、パスタはゆですぎで水っぽく、スプーンですくって食べる人もいたくらい、絶対に避けるべきNGフードだった。お隣の国なのに意外だが、そもそもフランス人にとってパスタは家で作るものであり、わざわざ外へ食べに行く人は少なかったから、美味しいイタリアンレストランの需要もなかったのだ。

しかし、本誌でも紹介している

『Big Mamma』グループ系(→P69の下、P154)等、本場の味を提供する大衆レストランが出現し、人々が本物の美味しさに目覚めると、昔からあった名店もあらためて脚光を浴びて、「パリのイタリアンはマズイ」は完全に死語と化した。2019年4月、マレ地区に本国イタリアでも大人気のフードホール、『EATALY』がオープンしたときも、連日大行列に。

Méditerranéen

地中海フード

すでに人気が定着した日本食に変わって、ここ1～2年ブレイクしているのが地中海系。といっても南仏～イタリア方面ではなく、反対側のイスラエルやトルコ、ギリシャの辺り。ひよこ豆のペーストや、パプリカのグリル、ピスタチオを使ったデザートなど、スパイスや花のエッセンスが香る、エキゾチックなテイストにハマる人が続出している。フランスはユダヤ系の人も多いので、美味しいイスラエル料理レストランに人が集まるのもうなずける。

フランス人には馴染みのなかったタコ

『ラ・フェリチータ』(→P154)のナポリピザ

など も、こうしたレストランで名物と なっているおかげで見慣れた食材になって きた。

『オノ・ポキ』(→P81)のスモーク・フィッシュのポキ

Bol
ボル

「ボル」とは、「ボウル」のこと。こ の、ボウル状の器に入ったワンボウルディッシュが、今パリを席巻している。

主流は「ブッダボウル」「ポキ」「サラ ダ・コンポゼ」の3つ。 「ブッダボウル」は、健康志向が高いアメリカ西海岸発のベジタリアン料理。細かく刻んだ野菜やキヌアなどの穀類、豆腐、豆などのタンパク質系を盛り合わせ、ごま油ベースのソースなどで味つけする。「ブッダ」という名前の由来は、「バランス食だから」「ブッダが托鉢のときに持ち歩いていた食べものに似ている」など諸説あるらしい。

「ポキ」は生魚を使ったハワイの郷土料理。少し前から南米の魚介のマリネ料理「セビーチェ」がFOODIEの間で市民権を得ていたところへ、同じく人気の「ちらし寿司」と合いの子のような「ポキ」が登場し、見事みんなのツボにハマった。

具が豊富なお食事系サラダ「サラダ・コンポゼ」は、カフェなどではお馴染みのメニューだったけれど、ブームに乗って、持ち帰りもできる"ボル"スタイルに

なってから爆発的にブレイク。野菜からハム、チキンなどの具材、トッピングやドレッシングなどを自分で好きにコンポゼ(組み合わせ)できるのもウケている理由。いかにも女子が好きそうな感じだけれど、ランチタイムに列をなしているのは男子がほとんど、という店も。パリの男子は草食系増加中なのだ。

Cantine &
Plat à partager
キャンティーン&居酒屋

本来は学食や社食のことだが、この「キャンティーン」を名乗る店が、ここ1〜2年で急激に目立つようになった。カウンターでオーダーする形式の店だけでなく、"レストランやビストロよりもカジュアルです"をアピールしたい店や、「キャンティーン」とつけただけで、今っぽい印象になることを狙った安易なところも。

と同時に爆発的に広まっているのは、小皿料理をシェアする居酒屋スタイル。

レストラン形式を保ちつつ、スペインの小皿料理にならって、「夜はタパス始めました」と看板を出す店も。以前は、中華料理でさえ一人ずつオーダーしていたほど、シェアという概念は一切なかったフランスでは画期的な変化だ。

ライフスタイルがより多様化して、食事よりもほかのことに時間もお金もかけたい人や、コース料理よりも軽い食事を求める人が増えていることが、この現象の背景にある。

『スカリア』(→P29)の夜の小皿料理

Nourriture saine
ヘルシー至上主義

ボル人気とも関係しているが、特に若い世代で、素材にこだわる人が増えている。カツカツの生活費で暮らしている子でさえ、「野菜はビオ(オーガニック)しか買わないの」と言っていたりする。エコロジーやサスティナビリティ(持続可能性)が語られるのと並行して、「自分の体に入るものを管理する」という意識が高まっているのだ。

それだけに最近の人気店は例外なく、店の"売り"として「少量生産者から直接買い付け」「ビオのみを使用」といった「素材へのこだわり」を掲げている。ワイン業界も、有機原料を使い、酸化防止剤などの添加物を1mg以下に抑えたナチュラルワインが主流になってきている。

「地産地消」がコンセプトの
『シェ・ヴィクトール』(→P75)

イタリアンの
フードコート『ラ・フェリチータ』(→P154)

Néo-bistro
ネオビストロ

これはもうすでに何年か前からのトレンドだが、「美食」を追求した料理というカテゴリーに使われる、いわゆる高級レストランの「ガストロノミー」系と、より庶民的な「ビストロ」の中間を行くような、「ネオビストロ」あるいは「ビストロノミー」と呼ばれる店が増えている。ガストロノミー系のレストランで修行して独立したシェフが、食へのこだわりはそのままに、より多くの人がアクセスできる雰囲気や価格で提供を、という意図がその背景。

こうした店ではたいてい、ランチは前菜＋メイン＋デザートの3コースで20ユーロ台とお手頃で、ディナーは、60ユーロ前後のコースでシェフが腕を振るってくれる。ランチで味の好みを試してから夜のおまかせにトライ、という使い方が王道だ。

ネオ・ビストロではシェフの個性が楽しめる

Restaurant XXL
フードコート

パリのレストランといえば、隣同士のテーブルがくっついていて、トイレに立つにも、いったんテーブルを下げないと出られなかった。フードコートやショッピンセンターもほとんどない徹底した個人店主義。ところがそのパリに、広いスペースでみんなでワイワイ、という場所が次々と出現している。

係に案内されてテーブルについて……も良いけれど、気ままにオーダーして、適当に座って、という気軽さが行ってみたら楽しかったのでどんどん広がった、という感じ。ひょっこり仲間が加わっても、席に困ることもない。2020年には、国鉄モンパルナス駅の近くに、3階建てで総面積が5000㎡と欧州最大のフードホールがオープンする予定だ。

「ビジネス主義」と眉をひそめる人たちがいる一方で、「多様なライフスタイル

に合った新カルチャー」と歓迎する声も多い。シェアオフィスも急増中で、『個人主義』が代名詞だったフランス人の生活観・人生観は、変わってきているようだ。

Salicorne
サリコーン

『カフェ・メリクール』(→P58)のシャクシュカ

ケール人気も健在だが、2018年あたりからビストロに行くたびにお目にかかる人気食材がサリコーン。海藻の一種だけれど、食べた感じは固めにゆでたインゲンに近い。鮮やかな緑は見た目にも食欲をそそるし、カリコリとした食感は、肉や魚料理の絶妙なアクセントに。味に主張がないから何にでも合わせられて、何よりこの歯ざわりがどうも気持ちよくてついつい口に運んでしまうから、シェフが好んで使うのも納得だ。

『コーリュス』(→P30)のカジキマグロのソテー

Shakshuka & Tartine avocat
シャクシュカとアボカドトースト

シャクシュカは中東やバルカン半島の料理で、パプリカをトマトで炒め煮にしてポーチドエッグを落としたもの。ラムのひき肉やナスが入ったものもあって、チリをちょっぴり効かせたピリ辛味がハマる。フランス人もラタトゥイユ感覚で馴染みやすいようで、「ちょっとスタイリッシュ系を狙っているな」、というようなカフェレストランには必ずメニューにこれがある。

ヘルシーフードのイメージが根強いアボカドトーストも、ここ3年くらいブームが続いている。パン・ド・カンパーニュ（田舎パン）やサワードゥブレッドを使っていたり、ざくろの実がトッピングしてあったりと、店がそれぞれ個性を出しているので食べ比べも楽しい。

2019年5月オープンの『ブイヨン・ファラモンド』

MOCHI GLACÉ
もちアイス

ア イスをもちでくるんだデザート がブレイク中。これまではアジア系食料品店で見かける程度だったが、専門店(→P60)ができたり、スーパーでも売っている。この前も『MAI DO (→P64)で食事していたら、業者が売り込みに来ていたので、今ごろデザートメニューに登場しているかもしれない。

　フランス人は求肥などのモチモチ食感が好きで、アイスクリームも大好物なので、彼らの味覚にぴったりマッチした感じ。中のアイスは、ヘーゼルナッツやコーヒー味など、フランス人好みのフレーバーや、抹茶、ゴマ、ユズなどの和テイストもある。

　以前に比べて、アジアやアフリカなど、遠くの国々への旅行が手軽になり、現地でいろいろな食を体験することで、保守的だったフランス人も、新しい味覚やスタイルによりオープンになってきた。

スーパー『franprix』に
登場したもちアイス

TRADI-COOL
トラディ・クール

オ ーストラリアやアメリカ西海岸風のカフェなどが増えている一方で、「あえて昔っぽいスタイルがカッコいい！」という、"トラディショナルでクール"という波も来ている。『ラ・フォンテーヌ・ドゥ・ベルヴィル』(→P46)は、著名なデザイナーがそのコンセプトのもとで内装を手がけた代表例。

　また、54ページで紹介している『ブイヨン』の人気も止まらない。これまでは老舗の『シャルティエ』が頑張っていたが、2017年末にムーランルージュの側に『ブイヨン・ピガール』が、2018年夏には10区に『ブイヨン・ジュリアン』が開業。2019年5月にはパリ中心地のレ・アルにノルマンディー地方の名店が『ブイヨン・ファラモンド』として上陸し、年末にはレピュブリック地区に『ブイヨン・ピガール』の2号店もオープン予定だ。

知っているとパリがもっと楽しくなる
用語集

買い物やレストラン、カフェでのやりとりで使いたい言葉や、
「あれって何て言ったらいいのかな？」の場面で役立つシンプルな単語集。
フレーズになっていなくても、「単語＋シルブプレ（お願いします）」でほとんど通じる。

※簡易化するため、un や une、la、le などの冠詞は省いています。

【メニュー編】

●**entrée / plat / dessert**（オントレ・プラ・デセール）／前菜・メイン料理・デザートのこと。

●**amuse-bouche**（アミューズ・ブーシュ）／普通は「アミューズ」だけで通用。前菜の前、食事の最初に出される先付けような感じのもの。こちらがオーダーするのではなく、シェフ側が用意したものをいただく。

●**dégustation**（デギュスタシオン）／試食、味見の意味だが、シェフのおまかせコースを指すときにも使われる。

●**boisson**（ボワソン）／ドリンク。アルコール類はalcool（アルクール）、ホットドリンクはboisson chaude（ボワソン・ショー）。

●**café**（カフェ／コーヒーのいろいろ）／ ~café「アン・カフェ」と注文すると、エスプレッソが出てくる。普通のコーヒーに近いのは~allongé（アロンジェ）で、エスプレッソをお湯で薄めたもの。お湯は好みで足せるよう別ポットで出てくる店もある。「du lait s'il vous plait（デュ・レ・シルブプレ）」とお願いすると、lait（ミルク）を別に持ってきてくれる。

●**~flat white**（フラット・ホワイト）／フランス発ではないが、自家焙煎の専門店には必ずある、いわゆる濃いめのカフェラテ。よりクリーミーでまろやか。

●**café gourmand**（カフェ・グルマン）／コーヒーに、プチデザートが数種類ついてくるデザート。デザートメニューにあるケーキのミニサイズを取り合わせて出す店や、グルマン用の焼き菓子などがセットになっている店などいろいろ。コーヒーは何も言わないとエスプレッソが出てくるが、アロンジェに変えることもできる。

●**l'eau**（ロー）／水のこと。「ロー・シルブプレ」とオーダーすると、店によって無料の水道水「carafe d'eau（カラフ・ドー）」か、ミネラルウォーターが出てくる。ミネラルウォーターがよい場合は、「evian（エヴィアン）」と商品名で。エヴィアンがない店でもそう頼めば、炭酸水でないミネラルウォーターを持ってきてくれる。

●**glaçon**（グラソン）／氷のこと。氷を持ってきて欲しいときは「グラソン・シルブプレ」と語尾を上げる。逆にソフトドリンクや水などを氷なしで欲しいときは「sans glaçon s'il vous plait（ソン・グラソン・シルブプレ）」。

●**spécialité**（スペシャリテ）／その店、またはシェフの自信作、看板商品、シグネチャーのこと。「スペシャリテ？」と語尾を上げて尋ねれば、おすすめを教えてくれる。

【オーダー編】

●**partager / assiette**（パルタジェー、アシエット）／それぞれシェア、お皿の意味。シェアしたいときは「パルタジェー」と言えば通じる。取り皿が欲しいときは「アシエット・シルブプレ」で。

●「**emporter ou sur place?**」（オンポルテ・ウ・シュル・プラス？）／「テイクアウェー、それともイートイン？」。テイクアウェーするなら「オンポルテ」。イートインなら「シュル・プラス」。

●**carte / espèces**（キャルト／エスペス）／それぞれカード、現金のこと。スーパーやレストランで、現金ではなくカード払いするときは「par carte（パー・キャルト）」。現金で支払うときは「en espèces（オン・エスペス）」。語尾に「シルブプレ」をつけるとスマート。

●**sac**（サック）／買い物袋のこと。フランスでもスーパーのレジ袋はどこでも有料。袋が欲しいときは「un sac（アン・サック）シルブプレ」で。お店の人の方から「サック」と言う単語が聞こえたら、「袋欲しい？」と聞いてくれているので、「oui（ウイ＝イエス）」か「non（ノン＝ノー）」で答えよう。

●**ticket de caisse**（チケ・ドゥ・ケス）／レシートのこと。「チケ」だけで通じるので、欲しいときは「チケ・シルブプレ」で。マルシェの特に八百屋ではレシートをくれないところが多いが、いろいろ注文して合計額が合っているのか不安なときは、お勘定のときに「チケ・シルブプレ」と言い添えておくと、ごまかしを防げる。

●**commande**（コモンド※ドは小さく発音）／オーダーの意。レストランなどでなかなかオーダーを取りに来てくれなかった場合など、サービス係にニッコリと「on peut commander?（オン・プ・コモンデ？／注文できますか？」と言ってプレッシャーをかけよう。逆に、サービス係が「vous êtes prêts?」（ヴー・ゼット・プレ？）などと言って来たら「お決まりですか？」の意味。

●**l'addition**（ラディシオン）／お会計。「ラディシオン・シルブプレ」でOK。お会計を頼むときの万国共通のサインするようなジェスチャーはフランスでも通じる。

●**avec ceci?**（アベク・スシ？）／パン屋やマルシェ、お惣菜屋さんなどで店の人からよく聞かれるこのフレーズは、「ほかには？」の意味。まだあるときには注文を続け、「以上で」と言いたいときは、「ce sera tout（ス・スラ・トゥ）」と答える。tout（トゥ）は全部、の意味。

Chapter
1

やっぱりフレンチ！

Avant tous,
le français!

　新しいお店がオープンしたと聞いたらすかさずチェック！　かと思えば、長年通う「やっぱりここだよね」の"鉄板リスト"もしっかり持っているのがパリのFOODIE。そんな彼らも絶えずアンテナを張っているのが、日本人シェフのフレンチだ。「まず外れはない」というくらい美味しい店ばかりで、今のパリの「食」を語る上で欠かせない存在ですらある。

　2000年ごろから、人気のフレンチレストランの厨房には必ずといっていいほど日本人アシスタントの姿があったけれど、そうして修行を終えたのちに独立して、自分の店で存分に腕を振るっている。2019年は、日本人シェフの店11軒が新たにミシュランの星を獲得した。

フレンチレストラン＆ビストロ

LE MERMOZ ル・メルモズ

シャンゼリゼでお手軽に新鮮魚料理が味わえる店

「場所代」と納得して相場よりうんと高いピザやサラダで妥協するか、ファーストフードという選択肢しかなかったシャンゼリゼ界隈。そこに2018年、新鮮な素材を使ったビストロ料理を味わえるありがたい店が誕生。腕を振るうのは、20代のキュートな女性シェフ、マノン・フリュリーさん。年は若いけれど、パリの有名店からNY、ギリシャなど国内外で経験を積んだだけあって、食材やスパイスの使い方に意外性が。「え？　この味なんだろう？」と見た目の予想を裏切られる驚きも人気の秘密だ。得意は魚料理。活け締めをしている漁師から直接仕入れているから、新鮮で身もプリップリ。アラカルトのみのランチは、メインは魚、肉、ベジタリアンから選べるけれど、魚は早い時間に売り切れる。夜は予約なしで小皿料理とワインを楽しむ最近流行りのスタイル。

左・生マグロのマリネ（€23）。柑橘系の爽やかさに、ジンジャーやスパイスが効いたパンチのある味

MAP▶P167 1

🏠 16 Rue Jean Mermoz 75008
🚇 ①⑨Franklin D. Roosevelt
📞 0145636526
🕐 月〜金12:00-15:00、
　　18:30-23:30
　　土日休
€€ 昼のアラカルト：前菜€12〜
　　メイン€20〜
　　夜の小皿料理：€6.5〜15、グラスワイン€7〜

MAP P170 2

🏠 21 Rue Saint Lazare 75009
🚇 ⑫Notre-Dame-de-Lorette
📞 0171324673（予約は電話のみ）
🕐 月〜土12:00-14:30、
　19:30-22:30
　日休
€€ 昼のセット：前菜かデザート
　＋メイン€21、前菜＋メイン＋
　デザート€26
　夜のアラカルト：前菜€11〜、
　メイン€17〜
https://www.mieux-restaurant.
com

上・マグロのタルタル（単品€9）。下・地鶏のグリル（単品€17）

上階にはグループで利用できるスペースあり

◈ 9区・SOPI ◈

mieux ミュウ

カジュアルで楽しい、フランスの"進化型"家庭料理

　近ごろは演出や盛り付けに凝ったモダンフレンチが主流だけれど、新鮮な素材をシンプルに調理した、いってみれば家庭料理をレストランレベルに格上げしたようなスタイルが受けて、ランチタイムは連日超満員になる店。

　人気の前菜、マグロのタルタルは、細かくしたフレッシュなマグロの赤身をオリーブオイルやハーブで味付けした洋風ネギトロ。ベーコンの旨みがじゅわっとしみた地鶏のグリルも、ジューシーで満足感いっぱい。このガツンとした感じは、若い男子3人組が始めた店と聞いて納得だ。

　インテリアは今風なのに、隣のテーブルとの距離が近い感じは昔ながらのビストロ調、というレトロモダンな雰囲気もパリジャンのハートをつかんでいる。「ベター」という意味の店名どおり、食事タイムの気分が上がる店。

❀ 10区・ポワソニエール ❀
BiLLiLi ビリリ

🏠 136 Faubourg Poissonnière
75010
🚇 ④⑤RERⒷⒹGare du Nord
②④Barbès-Rochechouart
📞 0987762749
🕐 火−土12:00-15:00
18:30-:22:30
日月休
💳 グラスワイン€5~、サンド
イッチ €5.5
ディナー：前菜€8~、メイン
€12~
https://www.facebook.com/
Billili-188000842132545/

素材がとにかくフレッシュな、超人気ビストロのセカンド

　安くてボリュームたっぷりで、下町の愛されビストロだった『Les Arlots』。メディアに取り上げられてからは、世界中から美味しいものを求める人たちが詰めかけ、気軽に立ち寄れない存在になってしまった。

　そこですぐお隣のレストランを買い取って始めたのが、この店。こちらは昼も夜も予約をとらないシステムで、ランチはサンドイッチやキッシュ、サラダなど軽めのものが中心。夜は肉や魚を使ったより食事系のメニューで、ここのお料理のウリは、とにかく素材が新鮮なこと。サラダの野菜もお皿から元気に飛び跳ねている。作りこまずにシンプルに仕上げてあるのに味つけが絶妙で、普通のキッシュがこんなに美味いとは！と思わず唸る。ワインの品ぞろえも豊富で、販売もしている。

生ハムのサラダ（€13）。生マッシュルームの新鮮さにびっくり！

ここも CHECK

『Les Arlots』（MAP P170 Ⓒ）の名物は、パリNo.1に選ばれた、ソーセージとマッシュポテトの盛り合わせ「Saucisses-purée」。

日替わりランチのお魚は鯖（€13）。ヴェルヴェーヌ風味のトマトに桃のロースト、天ぷら添え

MAP P170 4

🏠 14 Rue Bochart de Saron
75009

🚇 ②⑫Pigalle

📞 0148741578

🕐 月-金8:30-23:00
土・日10:00-17:00

💶 ランチの日替わりメイン
€13、メイン＋デザート€18

https://www.lecoucoucafe.fr

❦ 9区・SOPI ❦
LE COUCOU ル・クク−

一日中いつ行っても美味しいものにありつける名店の秘蔵っ子

パリ9区をグルメ界隈にした草分け的存在でもあるビストロ、『パントルーシュ』。毎年、話題の食べ処がいくつも登場するパリで、予約困難な人気店であり続ける名店だ。同じ9区内に個性の違う3店舗を展開していたそのパントルーシュ一族に、2019年夏、新たに妹ちゃんが誕生した。

午前中は自家製パンで朝食や軽いブランチ、12時から15時はランチ、その後はホームメイドケーキでお茶タイム、18時から閉店まではコールドプレートをつまみにアペロと、ここ最近のパリの食カルチャーを体現するコンセプト。日替わりのランチは、肉か魚に、メニューにある野菜料理から一品選ぶのだが、これが付け合わせのレベルをはるかに超えていて、ひと皿で前菜とメインを食べた級の満足感がある。これにデザートをつけて18ユーロはコスパ的にも花まるだ。

サービス係もフレンドリーで居心地も満点。さすがはパントルーシュ一族、ハズレなし！

オーナー、ジルさんの明るい
人柄もお客さんを惹きつける

Le Sagittaire　ル・サジテール

モンマルトルの住人が愛する正統派フレンチ

　モダンフレンチの台頭と好対照に、人気が高まっているのがオーセンティックなフランス料理。そんな正統派フレンチ好きに愛されて、入れ替わりの激しいパリのレストラン界で25年も続いている店。メニューには、鴨のコンフィや合鴨のソテーといった、王道フレンチがズラっと並ぶ。

　布のテーブルクロスがかかったインテリアはエレガント。昼も夜も、ワインかミネラルウォーターにコーヒーまでついたセットメニューがある

から、「いろいろ追加したら最後はいくらに……」などと会計を気にすることなく楽しめるのもありがたいポイントだ。気前よく盛り付けられた料理、落ち着いた雰囲気ともに大満足できる隠れ名店につき、客の大半は地元のリピーター。モンマルトルは、階段を降りるほど庶民的になるので、サクレクール寺院付近の店はちょっと観光客向けかな？と感じたら迷わず階段を降りるべし。ラマルク駅を出て左側に徒歩2分とアクセスも抜群だ。

メイン料理の鴨のコンフィ（€16）

[MAP] P170 [5]

🏠 77 Rue Lamarck Caulaincourt 75018
🚇 ⑫Lamarck-Caulaincourt
📞 0142551740
🕐 火〜土12:00-14:00、19:00-22:00
　 日月休
€€ セットメニュー：前菜またはデザート＋メイン＋ミネラルウォーターかグラスワイン＋コーヒー €24.5、アペリティフ＋3コース＋ワイン1/2ボトルかミネラルウォーター＋コーヒー €37、アラカルト 前菜、デザート€7.5、メイン€16、ワイン(25cc) €5.5
http://restaurantlesagittaire.com

LE CADORET

ル・キャドレ

「地元の人が行くビストロに連れてって」と、言われたらここ

　パリを舞台にした映画やテレビドラマで、主人公が住む場所としてよく使われるこのエリアは、パリの素顔がのぞける界隈。このカフェビストロも、まさにそんな日常の悲喜こもごもを描いた人情映画に出てくるセットみたいだ。

　朝から晩まで行き交う人たちを温かく迎えてくれる集いの場で、でも、そんな気軽な感じでいくと、お料理の本格さにびっくりする。ありふれた素材を、ちょっぴり意外な調理法で仕上げていて、この日、白身魚のグリルの下に敷いてあった付け合わせは、ラディッシュをトマト風味でソテーしたもの。デザートもアプリコットとコーヒーアイスを組み合わせていて、そんなちょっと自分では思いつかない独創的な料理こそ、お外ゴハンの醍醐味だったりする。

　開放的な店内から夜が更けていく街の様子を眺めつつ、だらだらワインをすするのも幸せなひととき。

MAP P171 6

🏠 1 Rue Pradier 75019

🚇 ⑪Pyrénées

📞 0153219213

🕐 火～土8:00～24:00（ランチ 12:00-14:30、ディナー 19:00-22:30）
　日月休

CC 昼のセットメニュー：2コース€17、
　　3コース€20
　　夜はアラカルトのみ：メイン€20～

27

メインの放牧チキンのロースト。香味野菜のアクセントが絶妙

MAP P167 7

🏠 5 Rue des Moines 75017
🚇 ⑬Brochant、②Rome
📞 0142288953
🕐 日−月12:00−14:30、19:00−22:30、
（木〜土は夜23:00まで）
€€ 昼のセットメニュー：前菜かデザート
　　＋メイン€20、前菜＋メイン＋デザート
　　€24
　　アラカルト：前菜€7〜22、メイン€23〜38
https://comme-chez-maman.com/en/

❀ 17区・バティニョール ❀

Comme chez Maman
コム・シェ・ママン

味も雰囲気もサービスも、いつでも大満足の店

　店名は、「ママのおうちゴハンみたい」という意味だけど、これが家庭料理なら相当グルメなママだ。舌の肥えた17区の住民が絶賛するだけあって、ここの料理は外れなく美味しい。メニューは正統フレンチから和素材を使ったモダンなものまで幅広く、ソースにレモンピールを忍ばせるなど、味付けにも工夫がある。前菜を待つ間は、サラミのサービスも。

　毎日営業していることに加えて、もうひとつうれしいのは、通常はどこも平日限定のお得なセットメニューを週末もやっていること。サービスも丁寧だから、優雅な気分で食事を楽しめる。

🏠 88 Av. Parmentier 75011
🚇 ③Parmentier
📞 0983476266
🕐 月〜金8:30-23:00、土9:30-23:00、
日9:30-18:30
€€ ランチ:2コース€18、3コース€22
ディナー:1皿€8-12、グラスワイン€6〜
http://www.scaria.paris/about/

✤ 11区・オベルカンフ ✤

SCARIA スカリア

星付きレストランで修行したシェフのお手頃ランチ

朝はコーヒーとマフィンで軽い朝食を。昼は手頃な日替わりセットランチ。小腹がすく時間にはテイクアウトもOKのデリをつまみに軽く一杯。そしてディナータイムは、流行りの居酒屋スタイルと、朝から晩まで使い勝手が抜群なご近所さんたちの憩いの場。けれど料理の方は超本格派で、パリの三ツ星レストラン、『ギ・サヴォワ』で修行したシェフが手がけるモダンフレンチスタイルのメニューには、珍しい野菜や魚など、旬の素材がふんだんに使われている。テーブルに並べられた瞬間、思わず「わ〜っ」と歓声が上がる芸術的な盛り付けを楽しんだ後は、西洋ワサビの隠し味や、低温調理法でびっくりするほど柔らかく仕上げた肉料理など、舌にもうれしい驚きがいっぱい。

食料品店でもあるこの店に並ぶ商品は、茶葉などごく一部を除き、仲介業者を介さず吟味したものだけを生産者から直接買い付けているこだわりよう。ワインもすべて酸化防止剤不使用のナチュラルワインだ。ゆったりとしたソファ席で、心地よいボサノバをバックにおしゃべりも弾む。

素材から調理法まで何を聞いても熱心に説明してくれるサービス係のエマニュエル。ライトな味の料理は先、パンチのあるものは後に出すなど、細やかな心使いにも感心

タコのマリネ（€11）

MAP P172 9

🏠 73 Rue Amelot 75011
🚇 ⑧Chemin vert
📞 0155285331
🕐 水-日12:00-14:00、18:30-0:00
　（土のランチは12:30-14:00、日は夜のみ）
　月火休
💶 昼のセットメニュー：2コース€17.5、3
　コース€20
　夜のセットメニュー：4コース€49、5
　コース€59、タパス€4~16
http://restaurantkorus.com

❀ 11 区・バスティーユ ❀

KORUS コーリュス

初めて行っても常連並にくつろげる、居心地バツグンの店

　ガストロノミー系の料理を手軽に味わってもらいたい、というのがこの店のコンセプト。ランチはお手頃なセットメニュー、夜は18時半からカウンターでカジュアルに小皿料理、そして奥のテーブルではきちんとしたコース料理と、そのときどきに合った使い方ができる。シェフのマキシムさんは、付け合わせにフルーツを使うなど、甘×辛を組み合わせたような冒険心のある料理が得意で、チーズやハムなどごく一部の加工品を除き、お皿に乗っているものは全部厨房で手作りする職人気質。サービスもとってもフレンドリーだから、一度行った人はみんなリピーターになる。

カジキマグロのソテー（€17）。イチゴの甘さがお魚の塩味と見事なハーモニー

日本人シェフによる
フレンチ

MAP P173 10

🏠 29 Rue de Cotte 75012
🚇 ⑧Ledru-Rollin
📱 0980680808
🕐 火〜土12:00-13:30、19:00-22:00
€€€€ 昼のおまかせコース：€39、
€75
夜のコース：€75
http://www.virtus-paris.com

❧ 12 区・バスティーユ ❧

virtus ヴィルチュス

まるでフレンチ版懐石料理。
目も舌も大満足の女性シェフのモダンフレンチ

　かしこまりすぎるのはどうも……、でもエレガントな
雰囲気で食事したい、というときにぴったりなのがこち
ら。店内は、パリでは珍しいくらい広々としていて、サー
ビスも、カジュアルさを残しつつもきちんと感があると
いう、難しいちょうどよさがお見事。

　そして、なんといっても神崎千帆シェフの作る料理は、
皿の中に自然が表現されていて、目で感動した後、口に
運んだときの、新鮮な驚きがたまらない。

　神崎シェフが修行した南仏マントンの『ミラズール』は
ミシュラン3つ星を取得し、世界のレストランランキン
グ1位にも選ばれた超名店。そこのヘッドシェフ、コラ
グレコ氏からもっとも影響を受けたのが、この「自然を
取り入れる」ということだったそう。料理にあしらって
いる食用花は、見た目だけでなく、ピリッとしたアクセ
ントに、といった味の効果も狙ってのことだ。

　ちょっとしたお祝いごとや記念日にも訪れたい店。

神崎シェフは2019年、日本人女性シェフで初め
てミシュラン一つ星を獲得した。

Restaurant Kozo
レストランKozo

桜の葉でマリネした鯛のサラダ

グルメ激戦区で極上ガストロノミー体験

　2018年の秋にオープンしてからというもの、「9区にできた『Kozo』がとにかく美味しい」とあちこちから聞こえてきた。そんなフーディーたちの間で話題のこの店で腕を振るうのは、フランス料理の巨匠のもとで学んだ牧田幸三シェフだ。

　料理は、ちょこんと添えられたソースにいたるまで、お皿の上に並ぶひとつひとつに手がかけられていて、まさに職人が作り出す芸術品。「塩がうま味を引き出す」という信念をもつ牧田シェフの料理は、下味がしっかりしているから、ひと口含んだだけで「美味しい！」と舌が喜ぶのだ。

　平日ランチのセットメニュー（25ユーロ）は、ガストロノミー系のレストランではありえないレベルのコスパの良さ。これで味を知ったお客さんが、シェフが存分に腕を振るうディナーのおまかせコースに走るのもうなづける。

MAP P170 11

🏠 48 Rue Saint-Georges 75009
🚇 ⑫Saint-Georges
📞 0148784609
🕐 ランチ：水-金12:00-14:00
　　ディナー：火-土19:30-22:00
　　日月休
€€€ ランチ：アミューズ＋メイン
　　　に前菜かデザート€25
　　　アミューズ＋前菜＋メイン
　　　＋デザート€34
　　　ディナー：シェフのおまか
　　　せコースのみ（€48/ €64）
https://restaurantkozo.fr

上・透明の冷製スープは、トマト味のガスパチョ。下・白身魚 グリル野菜とリゾット添え

海鮮料理が得意な後 (うしろ) シェフ

上・サーモンのソテー、右下・ハマチのカルパッチョ、ゴマ風味ソース

MAP P169 12

🏠 16 Rue Grégoire de Tours 75006

🚇 ④⑩Odéon

📞 0142017528

🕐 水〜日12:00-15:00、19:00-23:00
月火休

€€€ 昼のセットメニュー：2コース€
20、3コース€28
夜：3コース€45、シェフのおま
かせ€60

https://www.botandelavigne.fr/ja/

❀ 6 区・サンジェルマン・デ・プレ ❀

BOTAN de la vigne

ボタン・デ・ラ・ヴィーニュ

和テイストを加えたオリジナリティーいっぱいのフレンチ

　大阪、心斎橋にあるフレンチレストラン、『La Vigne』が本場パリに出店。厨房を任された後 (うしろ) シェフは、和テイストをちょこっと入れつつ、ここだけのフレンチを提供したいという信念のもと、日々腕を振るっている。

　ゴマや味噌にゆず、最近ではみりんなども、フレンチレストランのメニューに見られるようになってきた。けれど、ここでいただくゆず風味やゴマソースのカルパッチョは、これぞフランス料理＆和素材の究極のハーモニー！

　運良く出会えたらオーダーしたいのが和牛ハンバーグ。お肉はふわふわ、肉汁じゅわ〜、のまん丸ハンバーグの美味しさは、思い出しただけで恍惚となる。

　せっかくフランスに来たのだからフランス料理を食べたい。けれどコテコテすぎるフレンチはちょっとな〜、という方にも、ぜひおすすめしたい店。

33

シュプリーム鶏の
ソテー（セットメ
ニューで€23）

MAP P167 13

❋ 7区・エッフェル塔 ❋

LE GENTIL

ル・ジャンティ

🏠 26 Rue Surcouf 75007
🚇 ⑧La Tour-Maubourg
📞 0621914177
🕐 月-金12:00-14:30、19:30-22:00
　土日休
€€ 昼のセットメニュー：前菜＋メイ
　ン＋デザート€23
https://www.facebook.com/
LeGentil75007/

「美味しい！」を連発する愛情たっぷりフレンチ

　ご主人が厨房で腕を振るい、奥様が明るい笑顔でサービスし
てくれる、熊谷夫妻のほっこりとしたレストラン。料理には素
材の味が生きていて、向かいで食事していたフランス人の女の
子も、前菜のスープを一滴たりとも残すまいと、お皿がピカ
ピカになるまでパンでぬぐっていた。昼は3コースのセットメ
ニュー。月曜日に営業しているのもパリでは貴重だ。値段をは
るかに上回るクオリティーに、リピート即決！

MAP P167 14

🏠 25 Rue Guy Moquet 75017
🚇 ⑬Guy Môquet
📞 0953756771
🕐 月-金12:00-14:30、19:30-22:30　　土日休
€€ ランチのセットメニュー €17
　　シェフのおまかせ（5コース）€39
　　アラカルト：前菜€9〜　メイン€19〜
https://www.le975.com

❋ 17区・バティニョール ❋

Le 975　ル・975

コスパはパリ最強！の絶品フレンチ

　これまでこの店に来て、感激せずに帰ったことは一度もない。
小ぶりな前菜に、メインとデザート、コーヒーまでついた17ユー
ロのランチセットは、物価の高いパリではありえないバリュー。
けれど、みんなが足を運ぶのはそれだけではなく、この値段では
考えられないほど、手間暇のかかった極上の料理を出してくれる
シェフTaikiさんの心意気に惚れ込んでいるからだ。デザートも絶
品で、いつも「ボウルごとください」とお願いしたくなる。5皿で
39ユーロのシェフのおまかせコースもおすすめ。

一晩かけて低温で火を通したポーク。あ
てただけでナイフがすっと入る柔らかさ
（単品で€14）

❧ 14区・モンパルナス ❧

Aux PLUMES

オ・プリュム

いろいろな工夫にワクワク感がいっぱいの店

　近所の常連さんでいつもにぎわうこの店は、盛り付けや料理に楽しくて美味しい工夫がいっぱい。シェフのおまかせもお得感があるし、ちょこちょこ食べるのが好きな人は、前菜＋メインのランチセットに、コーヒーとデザート数品がついたカフェ・グルマンがおすすめだ。

　お隣の、星つきレストラン御用達の超有名肉店『ウーゴ・デノワイエ』のフィレを使ったステーキも味わえる。

MAP P169 15

🏠 45 Rue Boulard 75014
🚇 ④Mouton-Duvernet、④⑥RER⑧Denfert-Rochereau
☎ 0153907622
🕐 火-土12:00-14:30、19:30-22:30　日月休
€€ ランチのセットメニュー：前菜小皿3種＋メイン€18
https://www.auxplumes.com

シェフのおまかせコース（€32）の前菜（写真下）とデザート（上）

MAP P168 16

🏠 14 Rue Nélaton 75015
🚇 ⑥Bir-Hakeim
☎ 0140581015
🕐 月-土12:00-14:00、19:30-23:00（月、土はディナーのみ）
　　日休
€€€€ セットメニュー：3コース（肉か魚）
　　　€49、5コース（肉＆魚）€67

❧ 15区・エッフェル塔 ❧

Le Concert de Cuisine

ル・コンセール・ドゥ・キュイジーヌ

鉄板の上で調理される新体験フレンチ

　ここでは、デザート以外はすべて鉄板で作られる。「鉄板というステージで、音楽を奏でるように食材を操る」というのが、「料理のコンサート」という店名にシェフ増本尚人氏が込めた思い。演奏家のようなシェフの姿をかぶりつきで見られるカウンターは、いつも地元の常連客でいっぱいだ。美しく盛られた料理も音符のようにリズミカル。新鮮な野菜もたっぷりで、肉や魚とハーモニーを奏でている。満たされて店を出ると、目の前にエッフェル塔が飛び込んでくるうれしいオマケ付き。

レストランでは
のんきが一番！

　パリのレストランで戸惑うことのひとつが、オーダーのタイミングではないかと思う。基本的にはサービス係のペース。とはいえ、待てど暮らせどメニューも持ってこない、なんてことになると「もしかして忘れられてる？」と不安になってくるものだ。

　しかしその心配はご無用。フランスのサービス係はただ単に、自分が今やろうとしていることにしか意識も目線もいっていないだけなのだ。すぐ隣のテーブルの皿を下げにきたなら、「こっちにも気づいてよ！」と思うのだが、彼らの中では、まずはこれをやってから次、という段取りになっている（たぶん）。だからのんきに構えていればそのうち来てくれる。フランス人の客は、ゆっくりできてこれ幸いと、おしゃべりに花を咲かせている。

　もちろん、仕事中のランチタイムや、劇場や駅に行く途中など、本当に急いでいるときは話は別。そういう場合は席に案内してもらったときに、「un peu pressé（アン・プ・プレセ）ちょっと急いでます」と、ひと言かけておくと安心。ちなみに、カフェの名店にいるような、黒ベストに蝶ネクタイの「ギャルソン」と呼ばれるサービス係のプロはこの類ではなく、それこそ「後ろに目がついてる？」くらいに気が利くので、お店に行ったら、この辺りの違いも楽しんでみては？

パリのレストランではスタッフが来るのをのんびり待とう。写真は『mieux』（→P23）

超人気店を探ろう！

Découvrir
les restos
ultra-populaires!

❖◦◦◦◦◦◦◦◦◦◦◦◦◦◦◦◦❖

　「金曜の夜、みんなでディナーする？」となったら、まずインターネットのグルメサイトを開く……。そんな光景はパリでも同じ。レビューをチェックして、評価が満点に近かったら、「よし、行ってみよう！」となるから、話題になった店にはまたどんどんと人が集まってくる。

　一方で、そういった時代の波にも電波にも乗っていないけれど、地元の住人にひたすら愛され続ける人気店もある。美味しさはもちろん、店主のキャラクターや居心地の良さ、値段の手頃さといった、「いつ行ってもほっとできる感」が、みんなの足を引き寄せるのだ。

話題の店

🏠 10 Rue Alexandre Dumas 75011
🚇 ⑨Rue des Boulets
📞 0143481459
🕐 月-金12:30-14:00、19:30-22:00
　（月火はディナーのみ）
　土日休
€€€ ランチ：€19~
　　　ディナー：€60
https://fulgurances.com
（HPからオンライン予約可）

❁ 11区・シャロンヌ ❁

fulgurances フルギュランス

トップシェフを目指すセカンドたちの渾身の力作を味わう

2015年のオープン以来、下町の裏通りに佇む店ながら連日超満員のこの店は、料理関係のオンラインマガジンから実店舗に発展。創設者のソフィーとウーゴがビジネス立ち上げ当時から変わらず持ち続けているポリシーは、若い料理人の可能性を広げること。そこで、他の店でセカンドとして働いているシェフに、約半年間トップシェフを任せるというコンセプトで始めたところ、予想

以上のクオリティーの高さで一躍評判になった。

ここで評価されれば自分の店をもつなど、次のキャリアが開けるチャンスとあって、みんなありったけの腕を振るうから、ここは奮発してシェフの腕前を存分に試せる夜のおまかせコースにトライしたい。

ナチュラルワインも豊富で、2017年には斜め向かいにワインバーもオープンした（→P113）。

行くたびに違うシェフの力作が味わえるのも魅力

お店はカジュアル。店員さんもとっても気さくでリラックスできる

エイのムニエル、ラタトゥイユと野草添え（€21）

厨房で料理するOmarさん。この日の焼き菓子は、ネクタリンとすぐりのタルト

MAP P173 18

🏠 5 Rue Saint-Bernard 75011
🚇 ⑧Faidherbe-Chaligny
📞 0980818285
🕐 月-金9:00-17:00（ランチ12:00-14:30/要予約）土日休
💶 前菜€8~ メイン€20~（ランチはアラカルトのみ）
　クッキー　1枚€2.5
https://www.mokonuts.com

❖ 11区・シャロンヌ ❖

mokonuts モコナッツ

「パリNo.1」に選ばれた予約困難な超人気店

バスティーユ広場から東側に伸びる大通りから、ちょこっと入った小道にあるパステルグリーンのレストランが、今パリで人気沸騰中。

4年前の開店当時から、レバノン生まれのOmarさんが作るオリエンタルなひねりのある料理は、地元の住民からは人気があったけれど、信用度の高いグルメ系サイトなど、さまざまなメディアで「今パリで一番美味しいレストラン！」に取り上げられると、ランチは予約なしでは絶対にテーブルにたどり着けない超人気店に。

Omarさんの奥様は日本人女性のMokoさん。Mokoさんが作るクッキーがこれまた大評判で、これを目当てに来る人も。

ランチは日替わりで、メインは肉、魚、ベジタリアン料理に、前菜も3種類ほど。特約農家から仕入れた野菜は新鮮で、魚も活きがいい。この素材の良さと、これまでなかったような味つけに出会える新体験がファンをとりこにしている。

人気のワインビストロ
『Racine』など、名店
の多いパッサージュ・
パノラマにある

❖ 2区・オペラ ❖

Adar アダー

パリの最新トレンド、イスラエル料理にトライ！

2019年5月にオープンとまだ日は浅いのに、開店当初から大にぎわい。テイクアウトのサラダや焼き菓子を目当てにくるお客さんも、ひっきりなしに入ってくる。

シェフのタミール・ナミアス氏がイスラエル出身なので、最近パリで流行りの「イスラエル系レストラン」として話題だけれど、エジプト人の父とハンガリー人の母を持つ彼いわく、ここで出す料理はフランスとオリエンタルの融合。典型的なフムス（ひよこ豆のペースト）やファラフェル（豆の中東風コロッケ）だけでなく、いろいろな文化がミックスしたメニューを紹介したいというのが彼の思いだ。そんな彼が作る料理は見た目以上に手が込んでいて、ふわっと香る独特の風味もクセになる。

メインディッシュは少なめなので、お腹がすいているときは前菜つきのセットがおすすめ。

MAP P170 19

🏠 49 Passage des
　 Panoramas 75002
🚇 ⑧⑨Grands Boulevards /
　 Richelieu Drouot
📞 0664491868
🕐 月-金12:00-15:00、水-土
　 19:00-22:30 日休
€€ メゼ＋メイン€19
　　 メゼ＋前菜＋メイン€22
　　 デザート€6.5

タコのグリル（セットで€19）は、中がとろけるような柔らかさ。付け合わせも手が込んでいる

一番人気のセイボリー・スタック（€13.5）

Holybelly5

ホーリーベリー5

パンケーキが大人気の
All Day Breakfastの店

　およそパリっぽくない雰囲気のこの店が、ここ数年カリスマ的大人気。"っぽくない"のは雰囲気だけでなく、1日中朝食メニューが食べられる「オールデイ・ブレックファースト」というコンセプトや、甘いものとしょっぱいもののコンビもしかり。カナダやオーストラリアで暮らした若いカップルが、フランスにはなかった食文化を発信する店を、今のようにイケてなかった10区のエリアに誕生させたところ、この界隈ごとヒップなエリアに生まれ変わらせてしまった。

　それにしても、甘いものとしょっぱいもののコンビネーションはなぜこんなに魅惑的なのか。ふわふわのパンケーキ×目玉焼き、ベーコン×メープルシロップの組み合わせは、一見ぎょっとするけれど、やみつきになる中毒性がある。

　予約をとらないので、週末のブランチタイムはいつでも行列。平日、少し時間帯をずらしていくと、すんなり入れるしゆっくりできる。

同じ通りの19番地にある『Holybelly19』が1号店。こちらはよりお食事系。店主いわく、1日に両方をはしごすることを、「Holybelly24」と呼ぶそうな

MAP P170 20

🏠 5 Rue Lucien Sampaix 75010

🚇 ⑤Jacques Bonsergent

🕐 月〜土9:00〜17:00　日休

💶 パンケーキ€9〜
　　フィルターコーヒー €3

https://holybellycafe.com

🏠 23 Rue des Taillandiers 75011
🚇 ①⑤⑧Bastille
📞 0950482823
🕐 月～木12:00-14:30、19:00-23:00
金12:00-14:30、19:00-0:00
土19:00-0:00　日休
€€ メイン＋前菜かデザートで
€25、3コースで€32、生ビー
ル小 €3.5

⚜ 11区・バスティーユ ⚜

Papa Poule パパ・プウル

あれもこれも食べたい！が叶う夢のような店

いろいろなものをちょこっとずつ食べたい、という欲求は、特に女子にはありがちなもの。そんな人にぴったりなのがこちら。

2018年9月にオープンしたこのレストランでは、前菜を選ぶと、海の幸と山の幸をとりまぜた小皿がずらっとテーブルに並べられる。この日のラインナップは、ポークのテリーヌ、ニシンの酢漬け入りポテトサラダなど6種類。メインはス

テーキや魚料理など、がっつりした一品料理だ。そしてデザートは、カウンターに並べられた10種類以上のスイーツの中から、好きなものを店員さんに盛り付けてもらう。食後のチーズも、10種類ほどが大きなプレートにドーンと運ばれてきて、お値段5ユーロで好きなだけ試せるから、チーズ好きさんにはパラダイスだ。前菜とチーズをつまみにワイン、という居酒屋風な楽しみ方も。

鴨肉のパルマンティエ（€20）。柔らかな鴨肉に、肉の煮汁がしみたマッシュポテトがたまらない。ボリュームも満点

6種類の前菜が出てきて€5（写真は2人分）。ゆったりした大テーブルやベンチシートもある

金曜の日替わりメイン、チキンのタジン（€14）

向かいのカフェも同系列。2019年10月、
その隣に3店舗めもオープン

MAP P173 22

🏠 16 Rue Saint-Sabin 75011
🚇 ①⑤⑧Bastille、⑤Bréguet-Sabin
📞 0147001353
🕐 日〜月9:00-翌2:00
€ エスプレッソ€1.80、グラスワイ
　ン€4.50〜、日替わりメイン€14
https://cafedelindustrieparis.fr/ja

❈ 11区・バスティーユ ❈

Café de L'Industrie

ランデュストリー

ノマド族大歓迎。一日中食事ができるカフェレストラン

　朝9時から夜2時まで、どんな時間に行っても食事がオーダーできるこの店は、まるでみんなのダイニングルームのよう。コロニアル風の店内はびっくりするほど広くて、心置きなくゆっくりできるから、コンピューターを持ち込むノマド族や勉強している学生さん、読書する人など、みんなここで思い思いに時間を過ごしている。

　月〜金まで曜日ごとに決まっている14ユーロの日替わりメニューは、一皿で十分お腹いっぱいになるボリューム。金曜のモロッコ風煮込み料理「タジン」も、アプリコットやレーズンがチキンと一緒に煮込んであって、フルーツのかすかな甘みがサフラン風味と絶妙にマッチした人気メニューだ。店員さんは若い女の子ばかりで、彼女たちのはじけるような笑顔やフレンドリーさもこの店の魅力のひとつ。

りんご＋にんじん＋ジンジャーのジュース、Lサイズ（€6）とスモークサーモンのチャパティ（€12）。ウィークデイのランチタイムには、チャパティ＋ジュースで15ユーロのお得なセットメニューあり

日本語も堪能なカリムさん（写真中央）

米粉を使ったパンで有名な『シャンベラン』の向い

MAP P171 23

🏠 15 bis Rue Ternaux 75011
🚇 ③Parmentier
📞 0148050885
🕐 火～土11:00-22:30、日：11:00-22:00
月休
€ フレッシュジュース€5～、チャパティ €12～、ビリャニ€12
http://www.parisfeni.com

❖ 11区・オベルカンフ ❖

Paris Féni パリ・フェニ

野菜チャージがばっちりできる、フレッシュジュースとベンガル料理の店

　客のほとんどが常連さんの町の食堂。バングラディッシュ料理の店、ということになっているが、看板メニューはにんじん＋オレンジ＋ジンジャーなど、28種類ものフレーバーがあるフレッシュジュース。冷凍フルーツは一切使わず、氷もなしにコップになみなみと注がれるこのジュースを目当てに立ち寄る人が多い。

　みんながオーダーする人気のチャパティ（薄焼きパン）には野菜がモリモリ。ソースの隠し味にしょうゆが使われていて、日本人の口に合うなと思ったら、シェフのカリムさんはなんと渋谷の居酒屋で8年間働いていたそうだ。この店の食事だけで1日分の野菜＆フルーツ補給は完了できる。

　常連さんと「バカンスどうだった？」などと世間話に花を咲かせるスタッフのフレンドリーなサービスにも癒される。

MAP P171 24

🏠 95 Rue Orfila 75020
🚇 ③bis Pelleport、③③bis Gambetta
📞 0140303511
🕐 火〜土11:30-21:30
　　日月休
💶 揚げ春巻き€0.7、ボブン€5.6〜

右・基本のボブン€5.6　春巻き増量、ソーセージ乗せなど、カスタマイズもできる

❋ 20区・メニルモンタン ❋

PALAIS DE PELLEPORT

パレ・ドゥ・ベルポー

カンボジアから渡ってきた女性3代が切り盛りする、昔ながらのアジア飯屋さん

　これぞ、フランスのアジアンレストラン。カンボジアからフランスに渡ってきた御年82歳になるおばあちゃんが始めた店を、今はお母さんと娘さんが引き継ぎ、女3代で切り盛りしている。

　米麺に揚げ春巻きのネムを乗せたボブンやお惣菜など、どれも手作りの家庭の味。ほぼ100%がリピーターだから、店の雰囲気も和気あいあいとしていて、お客さんがテーブルの片付けを手伝っている、なんてことも。そんなアットホームさに惹かれて、みんな家の台所代わりに利用している。

ビールは3ユーロ、グラスワインも4ユーロからとうれしいお値段設定

❋ 11区・バスティーユ ❋

café du coin

カフェ・デュ・コアン

家族連れから若者まで、
みんなに愛されている街角のカフェ

　鳥さんが目印の、「街角のカフェ」という名のご近所のカフェ。開放感が気持ちいい店内では、お母さんと一緒にジュースを飲んでいる子どもの向こうで、手足に刺青びっしりのスケボー兄貴たちが溜まっていたりと、客層は"ドローカル"。ランチタイムには本格的なビストロ風ランチ、夜は名物のミニピザなど小皿のつまみがオーダーできる。

MAP P173 25

🏠 9 Rue Camille Desmoulins 75011
🚇 ⑨Voltaire
📞 0148048246
🕐 月〜木8:30-23:59、金8:00-23:59、土、日10:00-0:00
💶 エスプレッソ€1.3、生ビール 25cl €3、つまみ€6-10
https://www.facebook.com/Café-du-coin-496366724075469/

夜が更けると地元のおしゃれピープルが集まってくる

MAP P171 26

🏠 36 Rue de Sambre et Meuse 75010

🚇 ②Colonel Fabien、②⑪Belleville

📞 0183561846

🕐 火水11:00〜翌1:00、木金11:00〜翌2:00、土17:00〜翌2:00、日曜はブランチあり　月休

€€ ランチ€17.5、グラスワイン€4.5〜、夜の一品料理€4.3〜21.5

https://www.palissade.biz

❀ 10区・ビュット・ショーモン ❀

Palissade

パリサード

ニュアンスたっぷりの店内で、ディナーの後の一杯や、週末のブランチを

ニューヨークっぽいインテリアに、厨房に立つのはロシア人や日本人のシェフ……と、この店にはパリのミックスカルチャーのエスプリが満点。お茶で香りづけしたポークのソテーや、牛の

たたき粒マスタード添えといった独創的な食事メニューにもそそられる。朝寝坊した日曜にゆっくりブランチをとったり、カウンターで軽く昼飲み、ディナーの後のもう一杯を楽しむのにもうってつけ。

❀ 10区・ビュット・ショーモン ❀

La Fontaine de Belleville

ラ・フォンテーヌ・ドゥ・ベルヴィル

トレンドに敏感な人たちが集まる「トラディ・クール」なカフェ

クラシックなカフェ風インテリアのこの店には、モード関係のおしゃれピープルや俳優、感度の高い外国人駐在員といったトレンドに敏感な人たちが集まってくるから、人間ウォッチングも面白い。

人気は、チーズたっぷり、周りカリカリ、中ふんわりのクロックムッシュ。ここのジャンボン・ブール（ハムとバターのバゲットサンド）をパリNo. 1に挙げる人も。

毎週土曜にはジャズの無料ライブがある。

MAP P171 27

🏠 31-33 Rue Juliette Dodu 75010

🚇 ②Colonel Fabien

📞 0981755454

🕐 水〜日8:00〜0:00　月火休

€ エスプレッソ€2.5、ハムサンドイッチ€6、クロックムッシュ €10.9

https://cafesbelleville.com/pages/la-fontaine-de-belleville

角に立つ立地で、みんなが立ち寄りやすいスポット

気分に合わせてGo！

Allez, selon votre humeur!

❖✧❖✧❖✧❖✧❖✧❖✧❖

　一晩かけてじっくり火を通したり、湯煎で調理する「低温調理法」はパリでも大人気。肉料理専門店だけでなく、ビストロでも最近は専用の調理器を置いているところが多い。

　北西部のブルターニュなど、良い漁港にも恵まれたフランスはシーフードも美味しい。以前は「牡蠣を食べるのは"R"がつく月」といわれていたけれど、今ではいろいろな産地から届くから、一年中食べられるようになった。

　「今日はなんだかお肉の気分」とか、「無性にサラダが食べたい」、「ちょっとおしゃれして、素敵な雰囲気にひたりたい」など……お天気のごとく変わる気分に合わせて選べるおすすめ店をセレクト。

❀ 11区・シャロンヌ ❀

MAmie bidoche
マミー・ビドシュ

肉食系女子におすすめの乙女チックな肉料理専門店

可愛いものが大好き！な肉系女子におすすめしたい、花柄のインテリアがラブリーなレストラン。

店名は「おばあちゃんちの肉料理」という意味で、メニューは超シンプル。エシャロット、ペッパー、ジンジャー、チーズの中からソースを、ポーク、ビーフ、子牛から肉を選ぶだけ。サラダと自家製フライドポテトが添えられている。

8〜12時間かけてじっくり火を通した肉は、脂身がほどよく抜けて身が柔らか。ビーフは国産ブランド牛のリムーザン牛を使用するなど、素材から厳密にセレクトし、小規模の生産者から直接買い付けて品質を管理している。

パンかごは懐かしいプラスチック製で、BGMは80年代ポップスと、細かいところまで芸が行き届いていて別世界にいる気分。トイレの中にもクスっと笑える可愛い工夫がある。

ビーフステーキ、エシャロットソース添え(€22)。お皿もおばあちゃんちにある風

MAP P173 28

🏠 16 Rue de Candie 75011
Ⓜ ⑧Ledru-Rollin / Faidherbe-Chaligny
📞 0173751874
🕐 火-土12:00-14:00、19:30-22:30
€€ ポーク€17、ビーフ€22、仔牛€26
https://www.mamiebidoche.fr

ランチのお得なセットメニュー(€19)は、チキンか日替わりのおすすめグリルに、サラダ、コーヒーとプチデザート付き

MAP P170 29

🏠 40 Rue Notre-Dame des Victoires 75002
🚇 ③Quatre Septembre/Bourse
📞 0153408410
🕐 月-土12:00-14:30、19:00-22:30（土はディナーのみ）
　日 11:30-15:30
€€ ローストチキン€15
https://gallopin.com/rotisserie/

❀ 2区・オペラ ❀

LA RÔTISSERIE GALLOPIN

ラ・ロティスリー・ギャロパン

老舗ブラッスリーが手がける極上のロースト専門店

　旧パリ証券取引所の真後ろにある、1876年創業の老舗ブラッスリー『ギャロパン』が、2019年6月、隣にロースト専門店をオープン。"ロースト師"なる専門シェフが、最高の技術で選りすぐりの素材を焼き上げる。中でも、「パット・ノワール」と呼ばれる、足先が黒い鶏のグリルがこの店のイチオシメニュー。この鶏は身がふっくら柔らかで、味が濃いのが特徴。調理法にもこだわり、ハーブや調味料で下味をつけ、真空パックに入れて湯煎にかけて4時間低温調理。その後、こんがりと焼き上げるからうま味がぎゅっと詰まってジューシーになる。焼き汁のみのシンプルなソースが肉の味を引き立て、その焼き汁がしみたポテトも絶品だ。メニューには、ビーフやポーク、シェア用の骨つきラムや魚もある。

　前菜やデザートは『ギャロパン』の厨房で作っているのでクオリティーが高く、サービスも雰囲気もエレガント。中庭のテラス席がおすすめ。

シーフード

❖ 1区・レ・アル ❖

Mobilis in mobili

モビリス・イン・モビリ

お好きなシーフードをお好みの調理法で！

　シーフードを思いっきり食べたいときは、好きな具材をお好みの方法で調理してもらえるこの店へ。牡蠣やエビ、タコ、イカ、貝類などから具材を選んだら、それぞれの調理法を決めてオーダーする仕組みだ。迷ったら「おすすめの調理法で」とおまかせしてもOK。

　パリでブレイク中のロブスターロール（ハーフサイズで14ユーロ）や、イカスミリゾット（5ユーロ）もおすすめ。ランチには、生牡蠣＆ドリンクや、ムール貝＆フレンチフライなど、お得な10ユーロのセットメニューもあり、お一人様ランチにもぴったり。店内は開放的でサービスもカジュアル。場所もパリ中心地で行きやすいので、覚えておくと重宝する。

MAP P170 30

🏠 94 Rue Saint Denis 75001
🚇 ④RERⒶⒷⒹLes Halles
📞 0953589713
🕐 月〜水19:00-22:30、木〜日12:00-14:30、
　19:00-22:30（金は23:00まで）
€€ 生牡蠣€2.5、シーフード：イカ
　€15、マテ貝€7.5、ムール貝（500g）
　€10一人だいたい€20
https://www.customseafood.fr/ja/

手前から時計回りに、紋甲イカのソテー、マテ貝のピリ辛グリルなど

無料の水はカウンターの後ろの棚に置かれているのでセルフでどうぞ

JUSTE ジュスト

ブルターニュから直送の
フレッシュなムールを豪快に

ムール貝のワイン蒸し(€7.5)。身がぷっくりしていて新鮮そのもの！

海産物の名産地ブルターニュ地方で、19世紀から5代続く牡蠣生産者から直接買い付けた新鮮な甲殻類を提供してくれる店。店内に入ったら、カウンターでその日のメニューにある貝類と付け合わせ、ワインやドリンクなどを選び、支払いしてからテーブルで料理が運ばれてくるのを待つ。

ムール貝、アサリなど、好みの素材を選ぶと、後は一番美味しくいただける方法で調理してくれる。たとえばアサリなら、ワインバター蒸しにしてパスタを添えたボンゴレ風。パリで美味しいボンゴレを食べられるイタリアンレストランは超レアなので、アサリはこの店の人気メニューだ。下処理した状態の貝類も販売しているので、家で調理したい人には便利。ロブスター・オイルや天然塩などのオリジナル商品もあり、グルメなおみやげにぴったりだ。午後1時前後のランチタイムは近所のオフィスワーカーでいっぱいなので、開店後すぐか2時ごろなど、少し時間をずらすのが賢明。

MAP〉P170 31

🏠 48 Rue Laffitte 75009
🚇 ⑫Notre-Dame-de-Lorette
📞 0982349029
🕐 月-金12:00-14:30、18:30-22:30
　土12:00-15:30、19:00-23:00、日12:00-15:30
€ 生牡蠣(1個) €1.5、アサリ€8.5、ムール貝
　€7.5
http://juste-producteur.com

その他

LE RELAIS GASCON

ル・ルレ・ガスコン

がっつり系のお食事サラダにお腹も大満足！

　散策に夢中になっていたらランチタイムが終わっていた、というのがモンマルトルあるある。そんなとき、深夜2時までノンストップで食事ができるこのレストランは心強い味方。

　名物料理は、下の野菜がまったく見えないくらいガーリックポテトが山盛りのお食事サラダ。どのテーブルでも、誰か一人はオーダーしている看板メニューだ。ガーリックで下味をつけて揚げたポテトは、そろそろやめようと思いつつも、もうあとひと口、と口に運んでしまう罪な味。具材も、シンプルな蒸しチキンから、生ハム、スモークサーモン、フォアグラなど、気前が良すぎるくらいに山盛りだから、腹持ちのよさからいってもコスパは抜群だ。数100m離れたところに2号店もある。

［アベス店］ MAP P170 32

🏠 6 Rue des Abbesses 75018
🚇 ⑫Abbesses
📞 0142585822
🕐 日〜土10:30〜翌2:00
€ メインのサラダ€12.5-15.5
https://www.lerelaisgascon.fr

［アベス2号店］ MAP P170 32.2

🏠 13 Rue Joseph de Maistre 75018
📞 0142521111
※1号店の数100m先に位置

具だくさんのチキンのサラダ(€12.5)。鴨料理などサラダ以外のメニューも充実

館内にはスタジオやメイクルームがある。カメラの前に立つと、気分はハリウッドスター!?
ポートレートを撮ることも可能（要予約/€995〜）

ペルーのスパイスが
効いたタルタルス
テーキ(€24)や、ゆず
ポン酢風味のマグロ
のセビーチェ (€17)
などメニューはエキ
ゾチック！

Studio Harcourt Paris

スタジオ アルクール パリ

伝説の写真館の隠れ家カフェ

　1934年に設立された、セレブ御用達の伝説の写真館『スタジオ アルクール パリ』。各界の著名人が、ここで撮影を行ってきた。そんな、パリ16区の超高級住宅街にあるこのスタジオに、誰でも利用できる穴場のカフェ・レストランがある。

　元銀行家の邸宅を改造したシックな建物の中は、入り口からレッドカーペットが。セレブになった気分で上っていくと、麗しいポートレートがいたるところに飾られている。そんな別世界のような空間で、ランチや昼下がりのグラスワインを楽しむのは特別なひとときだ。メニューは、南米テイストやしょうゆ味など国際色豊か。

　スターたちのオーラに満たされた、ここは究極の隠れ家。

MAP P166 33

🏠 6 Rue de Lota 75116
🚇 ②Porte Dauphine、⑨Rue de la Pompe
☎ 0142566767
🕐 月-土10:00-18:00（ランチ は 月-金 の12:00-14:30、土は終日ドリンクと小皿料理）日休
💳 ランチ：メイン+前菜またはデザート€24、前菜+メイン+デザート€29、グラスワイン€5~
https://www.studio-harcourt.com

タイムスリップしたかのようなクラシックな店内（写真はモンパルナス店）

テーブルクロスに注文を書いていくのがお決まりのスタイル

＊ 9区・オペラ ＊

Bouillon CHARTIER

ブイヨン・シャルティエ

インテリアもお値段も、古き良き時代のまま

　その昔、安い定食屋は「Bouillon（ブイヨン）」と呼ばれていた。市場の肉屋さんが、良い出汁が出る「アラ」の部分を、スープ（ブイヨン）で煮込んで市場の仕事仲間たちに安く提供したのが始まりだ。

　その歴史を受け継ぐ昔ながらのブラッスリーが、近ごろまたブームになっている。中でも1896年に開業した、劇場街にあるこの老舗店の前には、連日夜遅くまで長蛇の列ができる。

　アールヌーボーの美しい内装に、ギャルソンは昔風の黒いベスト。そんなクラシカルな雰囲気を満喫できるのに、値段はキャロットラペ1ユーロ、ワインがボトルで10ユーロなど、「プリントミス？」というほどビックリ価格だ。

　予約はとらないシステムなので、行列を避けるなら食事時間を外していくのがおすすめ。

MAP P170 34

🏠 7 Rue du Faubourg Montmartre 75009
🚇 ⑧⑨Grands Boulevards
📞 0147708629
🕐 月-日11:30-0:00
💶 前菜€1～・メイン€8.5～・デザート€2.2 ～・ワインボトル€10～

［モンパルナス店］ MAP P169 34-2

🏠 59 Bd. du Montparnasse 75006
🚇 ④⑥⑫⑬Montparnasse Bienvenüe
📞 0145491990
https://www.bouillon-chartier.com/fr/

ここも CHECK

ムーラン・ルージュの近くにある『ブイヨン・ピガール』（MAP P170 C）。2階のテラス席がおすすめ。

LA COUPOLE
ラ・クーポール

文豪が通った老舗カフェでバースデーはいかが？

　ピカソや藤田嗣治、ヘミングウェイなど、かつて文豪や画家たちなどが通ったブラッスリーが並ぶモンパルナス。1927年創業のこの店もそのひとつ。アールデコ調の佇まいは、当時のパリの社交界を彷彿とさせる。入り口脇のテラス席でコーヒーを飲むのを日課にしているパリジャンはいまだに多い。

　食事をするなら、フレッシュな魚介を芸術的に盛り付けたシーフードプレート（€21〜）がおすすめ。

　そしてここの名物といえば、バースデーセレモニーだ。ギャルソンが全員集合し、「Ça c'est PARIS!!（これぞパリ!!）」という掛け声を合図に、バースデーソングを歌いながらロウソクのついたケーキを運んできてくれる。このセレモニーは事前予約が必要だけれど、無料のサービス。ケーキは作り物なので、追加料金をとられることもない。食事中にこのセレモニーが始まると、「わぁ〜パリ！」と気分が上がる。滞在中に誕生日を迎えることがあれば、ぜひお試しを（ランチ、ディナーそれぞれ1日3組までなので、予約はお早めに）。

アールデコ調のインテリアがシック

MAP P169 35

🏠 102 Bd. de Montparnasse 75014
🚇 ④⑥⑫⑬Montparnasse Bienvenüe、④Vavin
📞 0143201420
🕐 月8:00-23:00、　火-金8:00-0:00、　土8:30-0:00、日8:30-23:00
€€€ シーフードプレート€21〜、メニュー・クーポール（メイン＋前菜、またはデザート）€29.5
https://www.lacoupole-paris.com/ja/

おすすめのシーフードプレート（€21〜）。自分で好きなものを組み合わせることもできる

55

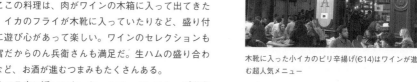

✤ 2区・オペラ ✤

A. NOSTE
ア・ノスト

がっつり系タパスで
ワイワイやれる楽しい店

　スペインとの国境に近いバスク地方の料理を、タパ
ス（小皿料理）スタイルで食べられるお店。といっても、
バスク料理はけっこうがっつり系なので、BBQチキン
やスペアリブなどしっかり食事ができるメニューもそ
ろっている。

　ここの料理は、肉がワインの木箱に入って出てきた
り、イカのフライが木靴に入っていたりなど、盛り付
けに遊び心があって楽しい。ワインのセレクションも
豊富だからのん兵衛さんも満足だ。生ハムの盛り合わ
せなど、お酒が進むつまみもたくさんある。

　オペラ座に近いロケーションで、ノンストップ営業
という便利さに加えて、店内はカウンター席なので大
人数で行ってもフレキシブルに対応してくれるところ
も使い勝手が抜群！　上の階は、よりクラシックなメ
ニューを提供するテーブルサービスのレストランに
なっている。

木靴に入った小イカのピリ辛揚げ(€14)はワインが進
む超人気メニュー

MAP P170 36

🏠 6 bis Rue du 4 Septembre 75002
🚇 ③Bourse
☎ 0147039191
🕐 月〜土12:00-23:00、日12:00-22:00
€€ タパス€6~17
https://www.a-noste.com

サービス係さんたちも元気いっぱい

🏠 9 Rue Sedaine 75011
🚇 ⑤Bréguet -Sabin、①⑤⑧Bastille
🕐 火~日12:00-22:30（金、土は23:00まで）
　フードのオーダーは21:00まで　月休
€ フードメニュー €13~、カフェグルマ
　ン€8、コーヒー €3
https://lecafedeschats.fr

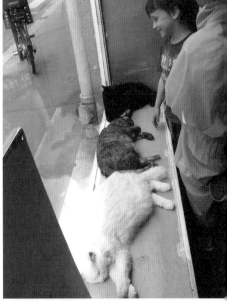

※ 11区・バスティーユ ※

Le Café des Chats ル・カフェ・デ・シャ

猫好きに国境ナシ！
フランスの猫ちゃんと戯れたい人に

　とにかくかわゆいったらないにゃんこ12匹がお出迎え……もとい、気ままにくつろぐ空間にお邪魔できる、猫好きにはたまらない聖地。店に入ると、まず店員さんに消毒スプレーをかけてもらうのが儀式。写真撮影は自由だが、フラッシュは厳禁。寝ているにゃんこをなでたり、無理やり抱きかかえたりしないように、という注意事項を聞いてから席へ。

　ここに住む猫は、路上に置き去りにされたり、キャットレスキューなどから譲り受けた子たち。彼らのキャラクターが書かれたパネルと、気ままに動き回るにゃんこを交互に眺めつつ、おやつタイムや軽食が楽しめる。

　メニューには紅茶専門店『ダマン・フレール』のお茶がそろい、ホットドリンクに3種のミニデザートがついた「グルマン」（8～10ユーロ）が人気。バーガーやラザニアなどのメニューもある。

　週末は子ども連れで入店待ちの列ができる。

にゃんこ好きに国境ナシ、を実感するひととき

❧ 11 区・オベルカンフ ❧

CAFÉ MÉRICOURT

カフェ・メリクール

MAP P171 38

🏠 22 Rue de la Folie Méricourt 75011
🚇 ⑨Saint-Ambroise
📞 0143389404
🕐 月〜日9:00〜17:00(ラストオーダー 15:45)
€ カフェラテ€4.2、パンケーキ€12.5
https://www.cafemericourt.com

可愛いグリーンの外観が、世界中のインスタグラマーから人気。同じ11区内には1号店の『カフェ・オベルカンフ』もある

インスタ派に大人気。フォトジェニックなカフェでブランチを

テイストのある店が集結しているオベルカンフ地区のフォリ・メルクール通りで、ひときわ目立つミントグリーンの可愛い店。

開店からラストオーダーの15時45分までブランチのサービスがあるので、朝昼兼用で腹ごしらえしたいときに最適。メニューはグラノーラや、流行りのアボカドトースト、半熟の黄身をまぜまぜすると幸せな美味しさになるシャクシュカ(中東風ラタトゥイユ)や甘い系のパンケーキなど、「軽めだけれどきちんと食べたい」という欲求を満たしてくれるラインナップ。

フォトジェニックな外観やインテリアが海外のインスタグラマーにも人気で、ツーリストも多いけれど、その分、店員さんが外国人慣れしているので入りやすいのも良いところ。

ペッパーをトマトで煮込んで卵を落としたシャクシュカ(プチサイズ €11)。ちょっぴりピリ辛でバゲットとの相性もぴったり

洋梨＆キャラメル味など、手作りのパウンドケーキもそそられるフレーバーばかり

Café SOUCOUPE カフェ・スークープ

ヘルシー志向のフードやフレッシュジュースを求めて連日行列ができる店

パリの最新グルメスポット、ポワソニエール地区にあるヘルシー志向のカフェ・レストラン。料理やケーキ、ジュースなど、すべてオーナー姉妹の手作りで、特に野菜をミックスしたフレッシュジュースは、昼どきには行列ができるほど大人気。人気メニューはすぐに売り切れてしまうので、この日も1時ごろに来店した女性の常連さんが、「この店は12時に来ないとお目当てのものにはありつけないのよね〜」と苦笑していた。日替わりランチはハーフサイズもあるので、スープやサラダ、ジュースなどを組み合わせられるのもうれしいところ。毎日Facebookにメニューがアップされるのでチェックしてから来る人も。

白とグリーンが基調の店内はボタニカルな雰囲気。中庭に面している奥のテーブル席は、自宅のようにくつろげる。

日替わりランチの中でも特に人気の野菜リゾット。これでハーフポーション€5

MAP P170 39

🏠 33 Rue du Faubourg Poissonnière 75009
🚇 ⑦Cadet/Poissonnière
☎ 0148009364
🕐 月〜金8:30-16:00　土日休
€ 今日のジュース€6、日替わりランチ 小€8.50（ハーフサイズ€5）、今日のスープ€7（ハーフサイズ€4）
https://www.facebook.com/Café-Soucoupe-991973480815330/

文化や歴史も丸ごと伝達。
日本食材に魅せられたフランス人

　Chapter1では日本人シェフのフレンチレストランをご紹介したけれど、日本食に興味をもつフランス人も増えていて、自家製の麹みそを販売したり、日本酒の酒蔵を始めた人もいる。

　20歳から漁業の世界にいたパトリックさん（42）は、日本食の料理人から"活け締め"を教わったのをきっかけにのめり込み、パリで活け締めした魚を売る店を開いた。最近ではフランス料理の名シェフたちもお得意さんだ。

　ピレネー山脈の近くでそば粉を栽培していたオリヴィエさん（51）は、パンやクレープ以外でもそば粉を楽しみたいと日本にそば打ち修行へ。帰国後パリでアトリエ兼ショップを始め、グルテンフリーの手打ちそばを販売しているほか、そば打ち講習会も開催している。店にある立派な石臼は、なんとオリヴィエさんの手作りだ。

　日本に住んでいたときに恋に落ちた餅菓子を、フランスに帰ってからも食べたい一心で探し続け、「ないから自分で作ってしまった」というのはマチルダさん。2019年4月にはパリ6区に餅スイーツ専門店『la maison du MOCHI』をオープン。和菓子文化を紹介するお茶会も催している。

　彼らに共通するのは、こだわりが強く、日本人顔負けの知識を持っていること。その食材にまつわる風習や文化も学び、フランス人のエスプリに乗せて発信してくれている。

活け締めした鮮魚を売るパトリック・フェルナンデスさん

Chapter

4

パリで異国気分

L'exotisme
à Paris

◇◇◇◇◇◇◇◇◇◇◇◇◇◇◇

　パリを訪れて、「想像していたより、いろんな人種がいるね」と印象を話す人は多い。たとえばメトロ2番線でPlace de Clichy駅から東へ行く電車の車内には、いろんな国の民族衣装を着た人が乗っていて、「今どこにいるんだっけ？」という気分になる。

　Château Rouge駅やChâteau d'Eau駅の界隈にはアフリカ人コミュニティーが広がっていて、10区には、最近はだいぶ縮小されたがインド人街が。チャイナタウンは北東のベルヴィル地区と13区。13区の方は、欧州最大の規模だ。オペラ座の近くには日本タウンもある。こうしたエリアには、その土地ならではの珍しい食材や美容グッズなども売っていて、散策するのも面白い。

アジア系

MAP P172 40

🏠 3 Rue de l'Ecole Polytechnique
75005 🚇 ⑩Maubert Mutualité /
Cardinal Lemoine
📞 0171265695
🕐 月-土12:00-15:00、19:00-22:30 日休
€ 餃子5個入り€5.8、担々麺€9.8
https://tran-tran-zai.business.site

❀ 5区・カルチェラタン ❀

Tran Tran Zai

トラン・トラン・ザイ

「辛いものは苦手」なフランス人が愛するポップな四川メシ

フランス人は、「熱いの、辛いのが苦手で、もっちり食感が大好き」。なので中華も餃子料理が人気なのだが、数年前から四川ブームがきている。

とはいえ、激辛好きからしてみれば、まだまだお子様レベルの辛さだったりするのだが、こちらは、そんなフランス人のスパイシー欲を満たす四川料理の店。変わった店名は、「熱いスープ屋さん」という意味だが、その割に熱々でないところも猫舌のフランス人向けだ。

麺は、もちもちでやわらかめの太麺で、スープにとってもよく絡む。ざくっと大きめにカットされた白菜もいいアクセント。辛さは0〜6まで選べて、「2」でピリ辛程度。蒸し餃子のタレは、これまた西洋人が大好きな甘酢味。クラッシュしたピーナッツと甘酢ダレのコンビは最強だ。

「パリ風の四川料理」を試してみたい方はぜひ。

餃子5個入り(€5.8)、辛さレベル「2」の担々麺(€9.8)

上・これが噂の黒米カニチャーハン(€19.8)。中・小籠包(€5.8)は肉まんとシュウマイの中間みたいで美味

ここも
CHECK

左岸の人気デパート『ボン・マルシェ』の裏手に2号店もできた。値段は2割増しだが1号店よりきれい。

[2号店] MAP P169 C

🏠 18 Rue de la Chaise 75007
📞 0183061238

MAP P171 41

🏠 7 Rue de la Présentation 75011
🚇 ②⑪Belleville
📞 0177168991
🕐 月・土12:00-15:00、18:30-23:00
　（火は夜のみ）、日12:00-23:00
💳 カニチャーハン€19.8、小籠
　包€5.8、一人分€25程度
https://le-grand-bol.business.site

♣ 11区・ベルヴィル ♣

Le Grand Bol ル・グラン・ボル

思わず歓声が上がる、豪快な「黒米カニチャーハン」にトライ！

　2、3年前から、日本人の間で「美味いカニチャーハンの店がある」と噂になっている行列店。

　得意料理はシーフード系で、メニューを見ているとどれも美味しそうでつい頼みすぎてしまうのが悩みどころ。しかしこの店は、理由は不明だが、追加オーダーをしようとすると、「デザート以外はダメ」とお断りされるので、最初に思う存分オーダーしておくのが肝心だ。

　パンの角切りみたいなものをまぶして揚げた海老しんじょはマスト。人気のカニチャーハンは、黒いもち米を使い、ダイナミックに殻ごと出てくるので、見た目のインパクトが大。カニ味噌も残らず取り出してごはんに混ぜて食べよう。手や口のまわりが油まみれになるが、それだけの価値は十分。貝の酒蒸しや、定番の空芯菜の炒めものなどここのはなんでも美味しい。

カニ入り豆腐スープ
（€10.9）、広東ライス
（チャーハン/€4.5）

✿ 20区・ベルヴィル ✿

WENZHOU
温州正宗点心

巨大肉まんも美味しい温州料理の店

ベルヴィルの中華街でいつも満席のこの店では、近くの手作り豆腐屋さんの豆腐を使ったカニ入りの塩あんかけやスープが抜群に美味しい。こってり味ならナスとひき肉の炒めものを。炒飯も、パラパラ具合、味ともに絶妙だ。

店頭で売っている肉まんは、蒸し・焼きの２種類。大量買いする常連さんですぐになくなるが、運よくできたてにありつけたら、近くのビュット・ショーモン公園まで散歩して、パリの景色を眺めながらハフハフかじりつくのが最高！

MAP P171 42

🏠 24 Rue de Belleville 75020
🚇 ②⑪Belleville
☎ 0146365633
🕐 金〜水11:00-22:30　木休
€ チャーハン€4.5、豆腐のエビ
あんかけ€6.9
https://www.restaurantwenzhou.fr

✿ 6区・モンパルナス ✿

MAIDO マイ・ド

ベトナムの味を守るマイ・ド夫妻の店

かつてベトナムの宗主国だったフランスには、ベトナムレストランがたくさんあるが、最近では中国人オーナーがカンボジア料理や中国料理などとミックスしてアジア折衷料理を出しているところが大半だ。同業者が消えていく中、30年以上も看板を守っているのが、マイ・ド夫婦が厨房を守るこの店。

サクサクの揚げ春巻きや、チキンフォーの繊細なだし、エビたっぷりのパパイヤサラダもベトナムで食べるそのままの味。いつまでも続けて欲しい希少な店だ。

MAP P169 43

上・チキンのフォー（€13.5）、下・干しビーフ入りパパイヤのサラダ（€12）

🏠 23 Bd. Montparnasse 75006
🚇 ⑩⑬Duroc、④⑥⑫⑬Montparnasse Bienvenüe
☎ 0145485460
🕐 火〜日12:00-14:30、19:00-22:30（日は昼のみ）　月休
€€ 生春巻き€9.5、揚げ春巻き（ポーク＆カニ肉入り）
€9.5、フォー€13.5
昼のセットメニュー（前菜＋メイン）€17

中東〜アフリカ

ここも
CHECK

お腹いっぱい食べた後は、すぐ裏手にあるビュット・ショーモン公園（(MAP) P171 C）を散策する腹ごなしルートがおすすめ。

❀ 19区・ビュット・ショーモン ❀

AUX BONS AMIS
オ・ボン・ザミ

ローカルなクスクスが食べたいときはここに直行！

　クスクスとは、小麦粉で作った北アフリカ発祥の粒状の主食。北アフリカ系の人に、「いつもクスクスはどこで食べてる？」と聞いたときに高い確率で返ってくるのが、この店の名前だ。

　クスクスのおいしさは、粒の質と、グリルした肉類の新鮮さで決まる気がするが、ここのものはキメが細かくてさらさら。炭火で焼いた肉もジューシーだ。ひよこ豆がたっぷり入ったスープは、なくなったら追加してくれる。そんな、がっつりいただく料理だけに、フランスではカップルで一緒にクスクスを食べに行くと、「親密な証」といわれるそうな。ちなみに、おかわりできるだけにシェアは禁物。一人一品ずつがマナーだ。

(MAP) P171 **44**

🏠 I Rue de l'Atlas 75019
🚇 ②⑪Belleville
📞 0698248059
🕐 月-土8:00〜翌2:00　日休
€ クスクス：チキン、ケフタ（アラブ風ミートボール）、ベルゲーズ（アラブ風ソーセージ）各€8.5、ラム、ビーフ€10.5、5種盛り合わせのロワイヤル€15.5

ラム肉のクスクスは、
一人前で€10.5

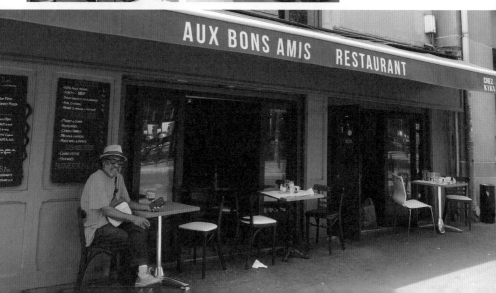

南アフリカ共和国の大統領にもなった英雄ネルソン・マンデラの壁画がインパクト大。ベジタリアンからも人気のスポット

❀ 10区・ポワソニエール ❀

BMK Paris-Bamako

ベー・エム・カ

まるで現地にいるみたい！な
アフリカごはんで異文化体験

　普段からオーガニック食品にこだわる、食に対する意識が高いフランス人女子の友だち数人から「今、パリで一番お気に入りの店なの」と教えられたのがこの店。

　メニューに並ぶのは、西アフリカの代表料理マフェや、セネガル料理ヤッサなど。どちらもライスやマニョク芋にお肉や野菜を煮込んだものをかけた「カレー風」の料理だ。現地の国民的飲料の、ハイビスカスで作ったビサップジュースなど、普段あまり見かけないものに出会えるのも新鮮。料理は量がかなり多いので、残すのが心苦しい場合は、最初から「プチ（小盛り）」で、とお願いしよう。

　現地から取り寄せたナッツ類やエチオピア産のコーヒー豆、チョコレートなども購入できる。

チキンを玉ねぎソースで煮込み、マスタードを効かせたチキンヤッサ（€13）

MAP P170 45

🏠 14 Rue de la Fidélité 75010
🚇 ④Château d'Eau　📞 0982541748
🕐 火〜木、日12:00-22:30、金土12:00-23:00　月休
€ メインディッシュ €11~15
https://www.bmkparis.com

イタリア

🏠 64 Rue Sedaine 75011
🚇 ⑨Voltaire
☎ 0155285074
🕐 月-土12:00-14:30、19:00-22:30（火-土は17:00ごろから小皿料理のタパスタイムあり）日休
€€ ランチのセットメニュー：メイン＋前菜かデザートで€15、前菜＋メイン＋デザートで€19、パスタ€16〜、メイン€17〜

❧ 11区・バスティーユ ❧

GARUM ガルム

サルディーニャ島の新鮮な魚介を味わうイタリアン

　地中海に浮かぶサルディーニャ島出身のステファノさんが、11区にオープンした3店舗目。自慢は、郷土名物のシーフード料理だ。新鮮なマグロやタコなどを丸ごと仕入れているから、生のマグロのタルタルステーキやタコのグリルにありつけることも。

　シンプルなパスタは新鮮なハーブや野菜がたっぷり。隠し味にスパイスで味を引き締めているところにも、熟練シェフの腕前がうかがえる。2019年6月に開店したばかりなのに、早速リピーターのお客さんがついているのも納得だ。昼はお得なセットランチ(15ユーロ)があり、夕方は、タパス風の小皿料理をつまみにキリッと冷えた白ワインでアペロ。夜は落ち着いた店内でしっぽりディナーと、いつの時間に行っても大満足できる。

上・トマトクリームの平たい麺のパスタ、パッケリ（デザートとセットで€15）。新鮮なローズマリーとルッコラ入り。→左・元気いっぱいのオーナーシェフ、ステファノさん。→右・ホームメイドのティラミスも絶品

赤やオレンジでまとめられた店内はポップで、店員さんの赤いボーダーシャツもキュート

MAP P172 47

🏠 20 Rue Saint Victor 75005
🚇 ⑩Maubert-Mutualité
📞 0144315454
🕐 月-日12:00-14:00、19:00-22:00
€€ 昼のセットメニュー（前菜＋
　メイン＋小さなお菓子つき
　コーヒー）€24、ミニピザ€7〜、
　ハム系のおつまみ€10〜、グラ
　スワイン€6ユーロ〜、パスタ
　€14〜
https://www.cucina-mutualite.com

5種類で22ユーロの前菜セットがおすすめ

🌿 5区・カルチェラタン 🌿

CUCINA
クッチーナ

フレンチの巨匠が仕掛ける、サプライズがいっぱいのイタリアン

　ミシュラン3つ星を3カ国で獲得している、フランス料理界の大御所アラン・デュカス氏。60歳を過ぎても意欲的な彼が、パリでブームのイタリアンレストランをオープンした。

　ここではシェアするのがコンセプト。おすすめしたいのは、3種で16ユーロ、5種類で22ユーロの前菜。このときは、夏野菜を炒め煮にしたカポナータ、柔らかいタコがゴロゴロ入ったマリネ、ブッラータ（水牛のモッツァレラ）、ハーブが香る鯛のカルパッチョ、仔牛のツナソースというラインナップ。常時5種類あるので、2〜3人なら全部オーダーして、後はパスタをシェアする感じがちょうどいい。締めのデザートも、パンナコッタはチョコ、キャラメル、ベリーの3つのフレーバーがセットで出てくる。

　開放感があって入りやすいし、お皿が運ばれてくるたびに、ちょっとした工夫に笑顔になる、食事タイムが楽しくなる店。

Il Pulcinella
プルチネッラ

モンマルトル界隈で
美味しいイタリアンといえばここ

　モンマルトルの住人が昔からひいきにしているこの店は、イタリアの街角にある食堂のようにアットホームな雰囲気。

　ぜひともオーダーしたいのは、野菜のグリルや大ぶりのインゲン豆が山盛りの前菜盛り合わせ。これをつまみに爽やかなイタリア産白ワインを開けた後は、パスタが見えないくらい海の幸で覆われた、トマト味のリングイネがおすすめ。ここまででお腹ははち切れそうだけれど、ホームメイドのティラミスも捨て難い。かなりのビッグサイズなのでシェアでも十分だ。遅い時間まで開いていて便利。

右・トマトソースの海の幸のリングイネ（€23）は、下の麺が見えないほど魚介類がたっぷり

MAP P167 48

🏠 17 Rue Damrémont 75018
🚇 ⑫Lamarck-Caulaincourt、②⑬Place de Clichy
📞 0146064694
🕐 月〜土12:00-15:00、19:15-23:30（金土は0:00まで）日休
€€ アンティパストの盛り合わせ€15

East Mamma
イースト・マンマ

パリのイタリアンブーム発信店で
絶品トリュフパスタを堪能

　オープンして数年経つのにいまだに開店前には行列ができる人気店。予約をとらないせいでもあるが、一番はリピーター率が高いから。流行りの店、という先入観で行くと、「え、けっこう美味しいじゃん！」と良い意味で裏切られ、食べ終わるころには「また来たい！」とファンになっている。パスタはすべて手打ちでモチモチ。中でもマストは、ほとんどのテーブルがオーダーしているトリュフ風味のパスタ。内装もポップで気分が上がる。

手前がトリュフ風味のパスタ（€18）

MAP P173 49

🏠 133 Rue du Faubourg Saiint-Antoine 75011
🚇 ①⑤⑧Bastille、⑧Ledru-Rollin
📞 0155285074
🕐 月〜日12:00-14:30、18:45-22:45（木〜土は23:00まで。土日のランチは15:30まで）
€€ 前菜€7〜 パスタ€12〜 ピザ€12〜
https://www.bigmammagroup.com/en/accueil

ブラジル

GABRIELA ガブリエッラ

扉を開ければそこはブラジル！ サンバに合わせて陽気なごはんタイム

　足を一歩踏み入れたら、そこはもうブラジル！この店オーナーは、日本のブリーダーから譲り受けた柴犬のケンゾーをこよなく愛するサントス出身のセウソ。彼が2002年に小さなスペースで始めた店が、場所を移転して17年。いまや夜は予約必須の人気店に。ブラジル料理の定番フェイジョアーダ（豆と豚肉の煮込み）を筆頭に、シーフードをココナツ風味で煮込んだバイーア料理など、地方の名物も取り混ぜたメニューは毎週入れ替わる。フレッシュいちごをブレンドしたカクテル、ストロベリーカイピリーニャ（9.5ユーロ）は、女子が大好きな味。デザートには、店員さんもとりこだというアサイーのソルベがイチオシだ。

　魚のコロッケ、ボリーニョ・ヂ・ペイシュやチーズパン、パオ・デ・ケージョをつまみに、ブラジルの地ビールでブラジル風アペロも。

MAP P170 50

🏠 3 Rue Milton 75009
🚇 ⑫Notre-Dame-de-Lorette、⑦Cadet
☎ 0142802814
🕐 月19:00～、 火-土12:00-15:00、19:00～
　日休
€€ ランチ：日替わりメイン€13、メイン
　＋前菜またはデザート€17、前菜＋
　メイン＋デザート€20、フェイジョ
　アーダ€17.5、カイピリーニャ €8.7
http://www.gabriela.fr

つまみ系のほか、フェイジョアーダ（€17.5）やアルゼンチンビーフのステーキ（€25）も人気。下・店内のトイレのだまし絵もユニーク！

Chapter 5

チープでも楽しく！

Sympa, Original,
et pas cher!

○○○○○○○○○○○○○○○○○○○○○○○○○

フランス語には、「Cheap」＝「安い」を一語で表す単語がない。「Bon marché」（お値打ち、お買い得）とか、「moin cher」（高くない）といった感じで表現するのだが、これってフランスっぽいなといつも思う。「チープ」というと、ちょっとネガティブな響きを感じることもあるけれど、「高くない」だとなんだかポジティブだ。

外食代の高いパリでは、ランチは「15ユーロ以下」ならお手頃。日本円にしたら1800円ほどとなかなかの金額だ。フランスには、福利厚生として、会社側が半額負担するレストランなどで使える金券「チケ・レストラン」を支給する制度がある。これを使って外ランチする人が多いオフィス街には、美味しい店が集まっている。

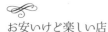

お安いけど楽しい店

MAP P173 51

🏠 Port de la Gare Quai François Mauriac 75013
🚇 ⑭ RER©Bibliothèque François Mitterrand、
⑥Quai de la Gare
🕐 月−土11:45-14:00（カフェテリアは5-9月は
23:00、10-4月は20:00まで）、日11:30-15:00
（10月-4月まではカフェテリアは20:00まで）
祝日休
€ フランスの学生証がない一般客は€8
http://www.crous-paris.fr/restauration/

✾ 13区・ベルシー

La Barge du CROUS de Paris

ラ・バージュ・デュ・クルー・ドゥ・パリ（パリ市学生食堂）

これが学食!?　セーヌ川クルーズ気分が味わえる、とっておきのスポット

　パリ市には学生が安い値段で食事がとれる食堂があり、学生証のない一般人も利用できる。中でもイチオシは、セーヌ川に浮かぶボートレストランだ。ガラス張りの船内からセーヌ河畔の景色を眺めながら食事ができて、メイン＋前菜やデザートなどの副菜2品で8ユーロ（学生なら3.25ユーロ！）。

　入り口でトレーを取り、前菜などの皿を選ぶセルフサービス。温かいメインディッシュだけは盛り付けてもらう。パンとお水は無料だ。

　お会計のときに「学生証は？」と聞かれたら「ノー」と答えて一般価格を払えばOK。ひとりごはんの地元民も大勢いて、12時を過ぎると混んでくるので、ゆっくりしたいなら開店時間を狙おう。食後は、デッキでのんびりお昼寝もできる。

この日のメインディッシュはカラマリ（イカフライ）。衣がついたイカは柔らかく、塩胡椒がしっかり効いて見た目以上の美味しさ

サバのオリーブオイルソテーは身がプリップリ

11時45分の開店時間の前には、周りで待つ人もちらほら

MAP P167 52

🏠 Place de la Madeleine 75008
🚇 ⑧⑫⑭Madeleine
☎ 0147423984
🕐 月-金11:45-14:00　土日休
€ 前菜＋メイン＋デザート€9
　（アソシエーション入会金€7）
https://www.foyerdelamadeleine.fr

✣ 8区・オペラ ✣

FOYER DE LA MADELEINE

マドレーヌ寺院食堂

歴史的寺院で、癒しのランチタイム

パリの中心地に立つマドレーヌ寺院の中で、平日にランチが提供されている。ここでは古くから出稼ぎの少女などに食事を提供していて、1968年の学生運動がきっかけで一般人にも公開するようになり、今では毎日およそ300食を提供している。シェフはプロだけれど、サービス係はすべてボランティアのみなさん。入り口でまず1年間有効の会員証（7ユーロ）を作ってから左手のレジで食券を買うと、テーブルに案内してもらえる。

メニューは日替わりで、前菜＋メイン＋デザートで9ユーロ。それぞれ2～3種類から選べる。

バースデーランチを楽しむおばさまグループや近くのビジネスマンなど客層もさまざま。ガストロノミー系のお料理ではないけれど、ほかでは体験できない温かいもてなしは、なんだかとてもありがたくて心にも胃にもしみる。

Restaurant GUO XIN
阿國餃子館

お財布がピンチのときの救世主。野菜たっぷり餃子でお腹も満足

おそらく誰も正確な店名は知らないのだが「ベルヴィルで餃子を食べる」といったらだいたいみんなここに行く。

皮がモチモチのこの店の餃子の人気の秘密は、ひき肉と一緒に野菜がたっぷり入っていること。白菜入り、にんじん入り、しいたけ入り、といった感じで具の野菜で選ぶ。一番人気はちょっと意外だが「セロリ」。独特の風味がお肉のあんとマッチして、セロリが苦手な人でもこれはイケる！と

とりこになってしまう。優しい味のだしにプリプリのエビ餃子が入ったスープ餃子も、あっという間に完食だ。

炒め物や麺類もあるけれど、この店では餃子にチンタオビールだ。焼き餃子(6.5ユーロ〜)は一皿に15個、スープ餃子(5.5ユーロ〜)は12個入っているから、1種類ずつ頼んで2人でシェアしてもお腹いっぱいになる。調理前のものは割引価格で販売してくれるので、家にストックしている人も。

MAP P171 53

🏠 47 Rue de Belleville 75019
🚇 ②⑪Belleville
📞 0142381753
🕐 火〜金11:30-15:00、19:00-23:00
　　土-日11:30-23:00　月休
💶 焼き餃子 € 6.5~7.5、スープ餃子€ 5.5~6.5

右下・セロリの焼き餃子（€ 6.5）と、エビ餃子のスープ（€ 6.5）
夜は毎晩行列ができるので、7時くらいには滑り込んでいたい

店内に飾られたマップに、生産者の位置が
記されている

CHEZ VICTOR

シェ・ヴィクトール

パリの近郊から届く
フレッシュな素材を使ったヘルシーランチ

　地産地消がブームのパリに2017年にオープンしたこの店は、扱うすべての素材を店から半径100km以内の生産者から仕入れている。届いたばかりの新鮮な野菜を使った大皿サラダは、真っ赤なトマトやキュッとひきしまったキュウリ、甘みのあるパプリカなどがうず高く盛られていて、この一皿で野菜不足は解消できそうだ。

　個人の生産者から買い付けた新鮮な野菜やチーズ、卵などを買いにくる顔馴染みのご近所さんも多く、ランチメニューのサンドイッチ（9ユーロ）は12時半には完売していることが多い。閉店時間までフードサービスをしてくれるが、だいたい13時半にはすべて売り切れてしまうので、早めに行くのが賢明だ。

　近くに住んでいたら毎日通いたい、と思えるようなほっこりスペースで、のんびり昼下がりのブレイクを楽しんでは。

MAP P169 54

🏠 73 Rue Pernety 75014
🚇 ⑬Pernety
📞 0980977260
🕐 火~土10:00-19:30（土は19:00まで）　日月休
💶 前菜＋メイン€12、前菜＋メイン＋デザート€15、サンドイッチ＋フレンチフライかデザート＋ミネラルウォーター €9
http://www.chez-victor.fr

カウンターで注文してから奥のテーブルへ。
瓶に入っているのはこの日の前菜、キュウリ
のガスパチョ

MAP P168 55

🏠 21 Rue Copreaux 75015
🚇 ⑫Volontaires
☎ 0145667382
🕐 月12:00-22:00、23:00-00:00、
　火-土12:00-22:00、日休
€ チャーハン€4、ポーク・キャ
　ラメル（ライス付き）€6

ポーク・キャラメル（€6)。煮汁をご
はんにかけるとやみつきの味

❀ 15区・モンパルナス ❀

Le Drapeau de la Fidélité

ル・ドラポー・ドゥ・ラ・フィデリテ

店名は「忠誠を捧げる旗」の意。ベトナム阮朝最後
の皇帝バオ・ダイに捧げるクアンさんの思いだ

パリにこんなところがあったのか！と驚くノスタルジックなベトナムレストラン

　ここはベトナムからフランスに政治亡命した、元哲学教授のクアンさんが1984年に開いた店。

　メニューは一番高くて7ユーロ。人気は、豚肉をほろほろになるまで甘辛く煮込んだポーク・キャラメルだ。メニューの下の方には「お客様の方でお皿を下げてくださる場合にはお止めしません」と書かれてある。ので、食べ終わったらカウンターまでお皿を持って行って会計しよう。

❀ 1区・レ・アル ❀

Café Rendez-Vous

カフェ・ランデヴー

ジャズを聴きながら、フレッシュ素材の激安ランチを！

　ファーストフードや、チェーン店が幅をきかせるレ・アル界隈で、手頃な値段で、けれどきちんとした料理が食べたい、というときの強い味方が、このカフェビストロ。3種類から選べる日替わりのメインディッシュが、10ユーロで食べられる。

　ジャズ好きのマダムが選曲する心地良いBGMを聴きながら、街の喧騒から逃れてゆったり食事がとれる穴場スポットだ。

MAP P170 56

🏠 12 Rue des Prêcheurs 75001
🚇 ①④⑦⑪⑭ RER Ⓐ Ⓑ Ⓓ Châtelet/ Les Halles
☎ 0140139060
🕐 火・水9:00-17:00、木・金9:00-16:00（金は
　10:00-)、19:30-22:10、土12:00-16:00　日月休
€ 前菜、デザート€4、メイン€10、メイン+前菜か
　デザート€13
https://www.facebook.com/caferendezvousparis

白身魚のソテーと野菜の付け合わせ（€10)。
日替わりランチはFacebookでチェックを

🏠 42 Av. Parmentier 75011
🚇 ⑨Voltaire、③Parmentier
📞 0981865655
🕐 月〜金10:00-16:00　土日休
€ 本日のメイン€9.4（テイクアウト
　は€1引き）、サンドイッチ€5、サラ
　ダ€5.5、スープ€4.5

✿ 11区・バスティーユ ✿

Chez Colette
シェ・コレット

地元民にカルト的な人気を誇るキャンティーン

　目立つ看板もない地味な店構えなのに、ランチタイム
にはテラス席までびっしり埋まる。口コミだけで評判が
広がった、ここは地元の超人気店だ。女性2人と男性1人
の3人のシェフが、オープンキッチンで腕を振るうこの
店の料理は、素材はシンプルながら、流行りの柚子を効
かせたり、ソースにみりんを使うなどの新鮮さがあって、
味に敏感なリピーターを飽きさせない。

　どこを切り取っても絵になるフレンチアンティーク風
のインテリアに加えて、野菜料理が中心のヘルシーフー
ド＋プラスチックを使わないエコフレンドリー、という
パリジャンの興味をそそる最強の組み合わせ。13時ごろ
にはメイン (9.4ユーロ)もサンドイッチ(5ユーロ)も売り切
れてしまうので、早めに行くのがおすすめ。

右・日替わりメイン
(€8.4)。米粉の平麺に
グリルした豆腐、ソー
スは柚子みりん味。
ピーナッツが効いて、
見た目以上に満足感
いっぱい

LE GARDE MANGER

ル・ギャルド・モンジェ

どれを選んでもハズレなし！　ガストロノミー系のお惣菜屋さん

　人気のガストロノミー系レストラン『Papillon』と店の中でつながっていて、同じ厨房で調理された惣菜をその場で、またはテイクアウトで楽しめる。どこにでもありそうな普通のサラダに見えても、隠し味や食感に工夫が凝らされているのが、ガストロノミーな作り手たちのなせる技。それでいて、結構あれこれ選んじゃったな、と思っても、「え？」というほどお財布にやさしいのもうれしいポイント。再生可能な容器を使っているので、そのままでは電子レンジは使えないけれど、その意識の高さにもこの店のポリシーがうかがえて、いっそうファンを引き寄せている。

　大通りを渡ると124ページで紹介した『KLパティスリー』があるので、デザートはこちらで、という美味なはしごも。

2人分のつまみには十分のこの量で10ユーロほど

MAP P166 53

🏠 8 Rue Meissonier 75017
🚇 ③Wagram
☎ 0967128181
🕐 月-金11:00-14:30、17:30-23:00　土日休
€ 一人前€8-10
http://www.legardemangerwagram.com

MAP P171 59

🏠 11 Rue Bichat 75010
🚇 ⑪Goncourt、③⑤⑧⑨
　⑪République
📞 0954276897
🕐 月–日9:00–23:00
€ ボウル各種€9–11
http://www.lebichat.fr

☘ 10区・オベルカンフ ☘

Le BICHAT

ル・ビシャ

ヴィーガンボウル（€9）。「仕上げにゴマシオいる?」と聞かれる。
日本の"ゴマ塩"はフランスでもお馴染みに

ヘルシーなのに食べ応えは満点。流行りのボウルでパリジャン風ランチを

体に良いものを入れたいな、と思ったときに足が向く店。ボウルのベースはライスに豆類、温・生野菜。これで完成のヴィーガン・バージョンか、卵やチキン、魚をトッピングして、仕上げはソースを好きなだけ。何種類か混ぜて味変もできるから、最後までペロリと平らげられる。ホームメイドのデトックスジュースも人気メニューだ。夕方のハッピーアワーには、ちょい飲みセットも。

☘ 11区・バスティーユ ☘

LE GRAND BRÉGUET

ル・グラン・ブレゲ

今のパリっぽさを象徴する、自称おしゃれ人間のたまり場

パリではこの店のように朝から夜まで開いていて、いつでもフードがオーダーできる店は案外少ない。メニューはライスやキヌアなどの炭水化物に卵、チキンなどのタンパク質、温or生野菜を組み合わせるボウルや、スープ、サラダなどの軽食だが、なかなかボリュームがあって美味しい。

そんなキャンティーン風の昼の顔が、夜になるとカクテルやワインを楽しむバーになる。自称おしゃれ人間も集まってくるが、周りは気にせず、それぞれが自分のペースで楽しめる雰囲気が良いところ。

ズッキーニとポワローネギ、ブロッコリー入り、ココナツミルク仕立ての冷製スープ（小V€4）

MAP P173 50

🏠 17 Rue Bréguet 75011
🚇 ⑤Richard Lenoir / Bréguet-Sabin
📞 0970755459
🕐 月–水8:00–0:00、木–土8:00–翌2:00、
　日8:00–20:00
€ ボウル€11、スープ（小）€4
http://www.legrandbreguet.com

Soul Kitchen

ソウル・キッチン

ハートフルな雰囲気漂う
モンマルトルのくつろぎスポット

　朝は新鮮なジュースや焼きたてマフィン、12時からは日替わりランチ、午後はホームメイドのケーキでお茶と、どの時間帯に行っても、美味しいものを囲む和やかな空気が漂っている。

　ランチは、日替わりのメインに、ボウルにたっぷりのサラダとホームメイドのデザートつき。サラダにはメロンやナッツが入っていたり、ドレッシングも凝っていて、「僕はサラダはあんまり……」と言っていた隣の席の男性客も、夢中で頬張っていた。

　ランチタイムや週末はいつも混雑しているけれど、店名どおり、ハートのこもった笑顔で迎えてくれる。

パリパリに焼いたパイ皮を使ったキッシュ風のメイン（セットで€17.5）。ボリュームたっぷり

MAP P170 51

🏠 33 Rue Lamarck 75018
🚇 ⑫Lamarck-Caulaincourt
☎ 0171379995
🕐 月-金8:45-18:00、土日10:00-18:00
💳 ランチのセット€17.5
https://www.facebook.com/soulkitchenparis

MAP P170 52

🏠 5 Rue Bourdaloue 75009
🚇 ⑫Notre-Dame-de-Lorette
☎ 0183928636
🕐 月-金11:30-15:00、　土12:00-15:00
　日休
💳 ブッダボウル小+スープのセット
　€9、ブッダボウル€10

SO NAT

ソー・ナット

パリコレモデル御用達の
ブッダ・ボウルの店

　大流行中のブッダボウルの専門店。美と健康に気を使うお姉さんたちだけでなく男性客にも人気で、パリコレの時期にはモデルさんたちのたまり場と化す。

　この店で使う素材はすべて認証つきのオーガニックフード。ベジフードはなんとなく淡白な印象があるが、ジンジャーやセサミオイルなどを使って濃いめに味付けしてあるから満足感は十分。自分で組み合わせるオリジナル・ブッダもできる。

スープ or ピタパンサンドの前菜か、デザートと組み合わせるセットメニュー（€9）。この日のスープはスイカとトマトの冷製

2018年12月には南仏バイヨンヌに2号店をオープン。オーナーがそちらを、パリ店は母親と弟君が担当と、アットホームな家族経営。『オノ』はハワイ語で「美味しい」の意味だそう

MAP〉P172 ㊗

🏠 167 Rue Saint Jacques, 75005
🚇 ④ RER⑧ⓒ Saint-Michel
📞 0982298187
🕐 月〜金12:00-17:00、
　土12:00-20:00　日休
€ ポキ 小€9.9、大€12.9
http://www.onopoke.fr

❊ 5区・カルチェラタン ❊

Ono Poké オノ・ポキ

爆発的人気のハワイアン"ポキ"の、パリ1号店

　気づけばあっちでもこっちでも見かけるようになったハワイの郷土料理「ポキ」。その栄えあるパリ第1号店。ロサンゼルスに住んでいたフランス人女性が、滞在中に恋に落ちたハワイアンフードを、2016年にパリに初上陸させた。

　マグロ、サーモンなどのシーフードだけでなく、チキンやフランスらしい鴨肉などの肉系、トーフのベジタリアンがあって、マンゴーやアップル、アボカドや枝豆など、相性の良さを考えた素材が組み合わされている。

　美味しさの決め手は、ベース用とトッピング用のダブルソース使い。魚系ポキなら、しょうゆに生姜を効かせたクラシック＋ゆず風味オリーブオイルのコンビが最強。わさびマヨも合いそうだ。

　後発店もそれぞれ個性があるけれど、食べ歩いた末にポキファンが戻ってくるのは、この店かも。

Atelier Poké アトリエ・ポキ

オペラ座近くで夜鳴きポキしたくなったらここへ

12:30〜13:30くらいのお昼のピークタイムは激混みなので、少し時間を外すのがベター

　ガスパーとポールの男性2人が2018年にオープンしたこのポキ店は、徹底的に素材の新鮮さにこだわったというだけあって、個人の業者から直接買いつける魚や野菜がとってもフレッシュ。

　店のおすすめのほか、ベース＋プロテイン系（マグロ、マス、鯛、エビ、チキン）＋野菜トッピングとソースを自分好みにカスタマイズできる。この店の美味しさの秘密は、魚やチキンなどの具だけを先にソースでマリネしてくれるところ。具にしっかり味が染みこんでいることで、美味しさが最後のひと口まで続く。

　ショッピングエリアにも近く、閉店まで通しで営業しているので、ランチタイムを逃したときにも便利。また、月〜木は22時まで営業しているので、夜鳴きラーメンならぬ夜鳴きポキもできる。

MAP P167

🏠 18 Rue Vignon 75009
🚇 ⑧⑫⑭Madeleine、③⑨Havre-Caumartin
📞 0982298187
🕐 月-木11:30-22:00、金11:30-15:00　土日休
€ ポキ 小€9.8、大€12.8
https://www.latelier-poke.com/accueil-1.
html#contenu2

ライスの代わりにパスタ状のズッキーニをベースにした糖質オフバージョン(€9.8)。小サイズでも食べごたえ満点

一人前でこのボリュームなので、シェアして、これまた人気の揚げない春巻き（ツナ、チーズ、ビーフ/€1.6）を添えても

ソースは味見させてくれるので、気軽にお願いしてみよう

L'Alicheur

ラリショー

カンボジアのお母さん秘伝のタレに
ハマる麺料理の店

　カンボジア出身のToriさんのレシピは、お母さんから教わったという家庭の味。ブラウンライス、小麦の麺、米粉の平麺のいずれかに、野菜やエビ、チキンなどの具材を組み合わせたボウルディッシュは、汁なしとスープの2種類あって、汁なしはしょうゆ、カレー、日本人的には味噌に近いお店オリジナルのアリショーソースの3種類から味を選ぶ。スープ麺の方は、東南アジアでおなじみの果実タマリンドとレモングラスを効かせたちょっぴり甘酸っぱいアリショー味、またはセサミ味からチョイスする。

　健康志向が高まっているパリジャンをこの店に惹きつけている秘訣は、一切油を使用していないこと。シャキシャキのもやしなど、野菜もたっぷり。しかもノンオイルなのに、物足りなさはまったくない。だしがじんわり体に染みわたるスープ麺は、オベルカンフ界隈のバーで一杯やった帰りのシメに欲しくなる味。

MAP P171 65

🏠 96 Rue Saint Maur 75011
🚇 ③Rue Saint Maur
📞 0143386138
🕐 月〜金12:00-15:30、19:30-23:30　土日休
€ ベーシック €7.2。エビや肉類、グリルした
　ナスなどのトッピングを追加すると＋€3
　〜4.5ユーロ、揚げない春巻き1個€1.6
http://www.lalicheur.com

MAP P172 66

🏠 56 Rue des Rosiers 75004
🚇 ①⑪Hôtel de Ville/①Saint-Paul
📞 0950995958
🕐 月-日12:00-23:00
€ クレープ€5.5〜

チーズ、ハム、卵入り(€6)

✤4区・マレ✤

LA DROGUERIE　ラ・ドロゲリー

カリカリチーズがたまらない、チーズ羽根つきクレープでフレンチ気分を満喫

ファラフェル・サンドイッチ（中東風サンド）のメッカ、ロジエ通りで、いつも長い列を作っている、青い看板が目印のクレープ屋さん。

甘い系としょっぱい系、それぞれ10種類くらいあるが、おすすめしたいのはチーズ系。かぶりつくとひと口めに焼きチーズが、その後とろ〜りチーズとハムや半熟卵など具材のハーモニーが追いかけてくる。このチーズ羽根クレープは最強だ。

プルドポークサンド(€12)

✤2区・モントルグイユ✤

FTG　フレンチー・トゥ・ゴー

カリスマシェフが放つ、ガストロノミー系ファストフードにトライ

パリで一番美味しいレストランにその名を挙げる人も多い『Frenchie（フレンチー）』。発想豊かなフランス料理を提供し続け、革命児ともいわれるシェフのグレッグ・マルション氏が新たに手掛けたのが、この"ファストフード"だ。

こちらの看板商品は、自家製パストラミを使ったサンドイッチ（ルーベン）やロブスターサンド。フランスではまだ珍しいアメリカのバーベキュー料理・プルドポークのサンドイッチは、ぎっしり詰まった柔らかい肉と甘酸っぱい紫キャベツのコールスローの黄金比が、さすがはガストロノミーシェフのレシピ。あとあとまで「美味しかった〜」と思い出す味。

MAP P170 67

🏠 9 Rue du Nil 75002
🚇 ③Sentier
📞 0142219692
🕐 月-日8:30-17:00
€ ルーベン（パストラミサンド）€12、プルドポークサンド€12
http://www.frenchie-ftg.com

魅惑のカフェ巡り

Le bonheur du petit café

　朝刊を見ながらカウンターでエスプレッソをきゅっとやったり、ご近所さんが井戸端会議をしたり……。時間を気にせず、1杯のコーヒーでのんびりするのが昔ながらのカフェの風景。そんなパリにもようやく、豆にこだわり、自家焙煎したコーヒーを出す、世界的にトレンドの「サードウェーブ・コーヒー」の波が上陸。2011年には4店舗しかなかったのが、今は150店を超えている。本場オーストラリアから来たオーナーも多く、現地の定番である濃いめのラテ「フラット・ホワイト」もお馴染みになってきた。

　オーナーも客もコーヒー愛好家というこうした店には、同志が集っているような、なんともいえない和み感があるのが良いところ。

❧ 17区・バティニョール ❧

dose ドース

ソイラテが美味しい、バティニョールの人気カフェ

　いかにも流行に敏感な人たちが集まりそうな店構えなのに、入りやすくてほっと落ち着けるのは、家族ぐるみで仲が良いオーナー2人が掲げる、「みんな家族！」というポリシーがなせるワザ。オリジナルブレンドの豆で作るここのソイラテは、コーヒーの苦味とソイミルクのバランスがちょうどよくて、個人的にパリで一番好きな味だ。

　フードメニューは、毎朝市場から仕入れる新鮮なフルーツや野菜を使ったオーガニックジュースや、そば粉を使ったパウンドケーキなど健康志向。午前中はホットドリンクに搾りたてのオレンジジュース、甘いパンかジャム付きバゲットがセットになった朝食「プチ・デジュネ」(8ユーロ)。10時半から16時までオーダーできる、サーモントースト、アボカドトースト、卵料理から選べるブランチ(23ユーロ)を食べている人も多い。

MAP P167 68

🏠 82 Place du Dr.Félix Lobligeois 75017
🚇 ②Rome
📱 0142219692
🕐 火-金8:00-18:00、土日9:00-19:00　月休
€ エスプレッソ€2(テイクアウト€1.50)、ホームメイドクッキー €2.50
http://dosedealerdecafe.fr

左・外からオーダーできる
テイクアウト用カウンター
もある
下・フラット・ホワイト
(€4)

公園に面した気持ち良いロケーション。この公園の周りにはワインバーやカフェが並ぶ

THE BEANS ON FIRE

ザ・ビーンズ・オン・ファイア

コーヒー好きが集う、アトリエ風カフェ

コロンビアやエルサルバトル、ブラジルといった南米の豆を中心に、アフリカ産など世界の名産地からじっくり選んだ豆を個別に仕入れて、店内に置かれたマシンで挽いている焙煎コーヒー専門店。挽き方講習会もやっていて、コーヒー好きがいつも集まっている。

ホームメイドの焼き菓子は、ふすま入りや甘さ控えめのヘルシー志向。ランチタイムには、日替わりスープ(5ユーロ)や、オープンサンド(10ユーロ)などの軽食もとれる。また、自家製コーヒー豆と抽出器具をセットにしたキットも販売している。

パルマンティエ通りからちょっと入った公園に面したところにあるので、緑の木々を眺めながらコーヒーで一服するのはなんとも気持ちがいい。

手作りのキャロットケーキ(€4)は甘さ控えめ

MAP P171 69

🏠 7 Rue du Général Blaise 75011
🚇 ③Parmentier 、⑨Voltaire
📞 0143559473
🕐 月-金8:00-18:00 (土日は9:00から)
€ エスプレッソ€2.5、フラット・ホワイト€4、クッキー €2.5、キャロットケーキ€4
https://thebeansonfire.com

MAP⟩P172 70

🏠 52 Rue d l'Hotel de Ville 75004
🚇 Hôtel de Ville①⑪
📱 0153018384
🕐 月8:30-20:00、火-金9:00-20:00、
　 土10:00-22:00、日10:00-20:00
€ エスプレッソ€3、カプチーノ€5
https://www.lacafeotheque.com

❋ 4 区 ・ レ ・ アル ❋

La Caféothèque

ラ・カフェオテーク

アカデミックにコーヒー豆と向き合える
博物館のような場所

　コーヒー豆には目がない、という方にぜひ足を運んでもらいたいのがこちら。2005年に開業した、パリの自家焙煎コーヒー店の草分け的存在であるこの店では、同じ農場で作られた同じ品種の豆だけを使う「シングルオリジン」に徹底してこだわっている。意見は分かれるところだが、「ブレンド＝邪道」というのが彼らのポリシーだ。

　そんなこだわりの一方で、フィルターコーヒーだけでなくホットチョコレートなどのドリンクメニューも豊富で、もう1ショット追加、生クリーム添えなど、いろいろカスタマイズもできる。

　座学と実習からなる本格的なバリスタ養成講座も開催していて、ここから巣立った多くがフランスだけでなく海外でバリスタとして活躍している。また、毎週土曜には初心者用の導入クラスを開講している（要予約/2時間 €60）。

フラット・ホワイト
（€5.5）

講義に使う部屋。世界中の豆を保管している棚は圧巻！

Tartine Avocado（タルティーヌ・アボカド／€10）にポーチドエッグをトッピング（+€3）

MAP P171 71

🏠 54 Rue de Saintonge 75003
🚇 ⑧Filles du Calvaire
🕐 月-金8:00-17:00、土日9:00-18:00
💶 エスプレッソ€2.5、フラット・ホワイト€4.5
アボカドトースト€10、ヴィーガンバナナブレッド€5
https://www.facebook.com/ObLaDiParis/

豆は『Iome』（→P93）のものを使用。コーヒーはすべてシングルオリジンの豆で作る

※3区・マレ※

Ob-La-Di
オブ・ラ・ディ

モード系ピープル御用達の北マレの憩いスポット

　北マレで美味しいコーヒーといえばこの店！　その人気の秘密は、味にとことんこだわるバリスタが、精魂を込めて一杯を作り上げているから。豆が入荷すると、分量や蒸らす時間など、いろいろなパターンを3日ほどかけて納得するまで試し、最高の味を追求する。生産地の季節ごとの味の違いも計算に入れつつ、そのときベストのものだけを提供するという。そんな過程を経て完成したコーヒーは、究極の一杯。ひと口目とその後で、味が変わってくる感じは、まるでワインのように奥深い。

　「パリで美味しいアボカドトースト」のランキングで常に上位に選ばれる「Tartine Avocado」は、厚切りのサワードゥブレッドにアボカドペースト、アルゼンチンのピリ辛チミチュリソース、ざくろの実をトッピングしたもの。サワードゥブレッドの酸味が好きな人にはたまらない美味しさ。

ノワゼット（エスプレッ
ソに少量のミルクを落と
したもの）（€3）

MAP P170 72

🏠 4 bis Rue Piémontési 75018
🚇 ⑫Abbesses
📞 0142575810
🕐 月-金9:00-18:00、土日10:00-17:00
€ フィルターコーヒー €4-5、フラット・ホ
ワイト€4.5、ホームメイドのケーキ€4
https://www.facebook.com/
SylondeMontmartre/

❦ 18区・モンマルトル ❦

SYLON

シロン

他店のバリスタも通うモンマルトルの超本格ロースタリー

　バリスタの腕が良いと同業者たちからも人気の
高いこの店では、カウンターに3種類の抽出器が
置かれていて、オーダーすると、「どれで作る？」
と聞かれる。手でゆっくり圧をかけていくピスト
ンのような仕組みのアエロプレスは酸味や苦味の
バランスがよく、V60のドリッパーは豆の味がよ
りストレートに出る。ガラスのフラスコ状のケメッ

クスは味の微調整がしやすいなど、それぞれに特
徴があることを、バリスタさんは熱心に語ってく
れるのだが、この店のコーヒーは、究極的に美味
しい！というシンプルな感想に尽きる。
　ゆったりしたソファのある木目調の店内も、温
かみがあって落ち着ける。可愛い雑貨店の多いエ
リアなので、散策の合間のひと休みにぴったり。

GOOD NEWS coffee shop

グッドニュース・コーヒーショップ

オーストラリアの風を感じるCosyなコーヒーショップ

　まるでパリっぽさがないお店の感じが、逆にパリのトレンド。92ページの『O Coffee Shop』と同じく、この店のオーナーもオーストラリア人と、焙煎コーヒーの本場オーストラリア系のショップだけあって、同じ15区にあるロースタリー『Ambicion』の豆で作るここのフラット・ホワイトは深みがあって絶品！　アボカドトーストも大人気で、「いつものね！」と注文するこれ目当ての常連さんも多い。ランチタイムには、スープやブッダボウル、生魚を使ったサラダ風丼「Sashimi Bowl」などがあり、テイクアウトもできる。

温めて出してくれるバナナブレッド（€5）は、周りはカリカリ、中がもっちり

MAP〉P168 73

🏠 27 bis Rue Mademoiselle 75015
🚇 ⑧Commerce
🕐 月-日8:00-17:00（土は9:00、日は10:00から）
💶 エスプレッソ€2.5、フラット・ホワイト€4.5、アボカドトースト€9
https://www.facebook.com/Good-News-Coffee-Shop-1469489793580021/

MAP P168 74

🏠 23 Rue de Lourmel 75015
🚇 ⑥Dupleix
📞 0145796989
🕐 月-金8:00-16:00、土 日9:00-
16:00（フードのオーダーは
15:00まで）
💶 エスプレッソ€2.5、フラット・ホ
ワイト€4、バナナブレッド€4

フラット・ホワイト（€4）

✤ 15区・エッフェル塔 ✤

O Coffee shop オー・コーヒーショップ

オーストラリア人オーナーによる本場仕込みのフラット・ホワイトを

屋台売りから始めたオーストラリア人とフランス人のサーファー2人組が、2016年に念願のカフェをオープン。店のオリジナルブレンドにつけた名前は「Summer」。甘みのあるエチオピア産に

ショコラ風味のブラジル産をプラスしたものだ。毎週火曜日に入荷する豆は、購入も可能。

人気のアボカドトーストがある週末のブランチもおすすめ。エッフェル塔散策のついでに！

✤ 9区・SOPI ✤

LA COMPAGNIE DU CAFÉ ラ・カンパニー・デュ・カフェ

日替わりでシングルオリジンの豆が試せる通好みのロースタリー

店内に焙煎機があり、焙煎中は「ガガガ……」と音がするけれど、「そこが自家焙煎コーヒー店の醍醐味！」と、コーヒーラバーのお客さんは逆に楽しんでいる。ここで提供するコーヒーはシングルオ

リジンの豆を使うのがモットーで、今日はエチオピア産、別の日はケニア産など、行くたびに違った味が楽しめる。スペースも広々としているので、時間を気にせずくつろげる。

MAP P170 75

🏠 19 Rue Notre Dame de
Lorette 75009
🚇 ⑫Saint-Georges
📞 0981257416
🕐 月-金8:00-19:00、　土9:00-
19:00、日11:00-16:00
💶 エスプレッソ€2.4、フラット・
ホワイト€4.8、ケーキ€5.5
http://www.lacompagnieducafe.
com

エチオピア産の豆を使った
フラット・ホワイト（€4.8）

♦ 14区・モンパルナス ♦

HEXAGONE CAFÉ

ヘキサゴン・カフェ

オーナーのコーヒー愛を感じる
セーヌ左岸の人気店

　パリで美味しいコーヒーを出す店は、ここから豆を卸して
いるところが多い。「お客さんの前に出されるコーヒーは、最
高の一杯であるべき」という思いから、いかに豆を焙煎する
かだけでなく、農場選びから卸業者を経て彼らの手に豆が
届くまで、管理体制、保管状況なども細かくチェックしてい
る。そんなコーヒーをじっくり味わって欲しいから、この店
にWi-Fiはない。店主の思いが詰まった一杯をぜひ。

MAP P169 76

🏠 121 Rue du Château 75014
🚇 ⑬Pernety / Gaîté
🕐 火−金8:30-17:30、土・日10:00-18:00　月休
€ エスプレッソ€2.5、フィルターコーヒー €4.5、クッキー €2.7
http://www.hexagone-cafe.fr

上・日本から取り寄せたという昔っぽいかき氷マシン

ソファ席や大テーブルもあって落ち着ける店内

MAP P170 77

🏠 3 ter Rue Marcadet 75018
🚇 ④⑫Marcadet-Poissonniers
📞 0951274631
🕐 月−金8:00-18:00、土・日10:00-19:00
€ エスプレッソ€2.2、フィルターコーヒー €3.2、カプチーノ€4
https://lomi.paris

♦ 18区・モンマルトル ♦

lomi ロミ

絶大なファンを持つ
フィルターコーヒーショップの聖地

　パリの焙煎コーヒーブームの火付け役ともいえる
のが、18区の外れにあるこの店。市内の数多くのカ
フェにも豆を卸していて、もちろん、店頭で買うこ
ともできる。

　同じ豆でも、湿度や気温によって味は微妙に変わ
るので、毎朝その日に提供するコーヒーの抽出法を
調整する。他店のバリスタたちからも、「ここのコー
ヒーはいつ行っても味にブレがない」と尊敬を集めて
いるのは、そのこだわりと手間のたまものだ。

　地元の常連客以外にも、わざわざメトロに乗って
通ってくる熱烈ファンが多数。コーヒー愛にあふれ
た店員さんは、いろいろな質問にも喜んで答えてく
れる。焙煎法やバリスタを学べるスクールも併設。

MAP P171 78

🏠 106 Rue de Turenne 75003
🚇 ⑧Filles du Calvaire
🕐 月〜金9:00-17:30、土日9:30-17:30
€ フラット・ホワイト€5、グルテンフリーのケーキ€5.5
http://www.fringecoffeeparis.com

オーツミルク仕立てのフラット・ホワイト（€5）

✤3区・マレ✤

fringe フリンジ

デンマーク発『コーヒー・コレクティブ』のコーヒーが飲める店

アメリカ人オーナーが2016年に北マレにオープンしたここでは、日本のコーヒー好きにもファンが多いデンマークの有名ロースター、『コーヒー・コレクティブ』の豆を使ったコーヒーが味わえる。オーナーに「オーツ麦のミルクはコーヒーの味を引き立てますよ」とおすすめされて以来、この店のオーツミルク・ラテにも開眼！ゆるゆる過ごせる店内も心地よい。

フラット・ホワイト（€5）

MAP P171 79

🏠 15 Rue Alibert 75010
🚇 ⑤Jacques Bonsergent、⑪Goncourt
📞 0145796989
🕐 月〜金8:30-16:00、土日9:30-17:00
€ フィルターコーヒー€3〜、カプチーノ€4
http://www.radiodays.cafe

✤10区・サンマルタン運河✤

RADIODAYS ラジオデイズ

行くたびに新たな発見がある、冒険マインド旺盛なバリスタがいる店

苦味系のコーヒーを出す店が多いパリでは希少な、酸味の強いコーヒーが飲める店。サードウェーブ・コーヒー激戦区の10区にあるこの店は、9区の『KBコーヒーショップ』など、ほかの人気店ともコラボしながらいろいろなフレーバーのコーヒーを紹介してくれる。たとえば、この日試したエチオピア産の豆も、これまで親しんでいた味とはまったく違う、ベリー系のフルーツのような酸味があって新鮮な驚きだった。店員さんもフレンドリーで、通いたくなる。

MAP P167 80

🏠 54 Rue du Faubourg Saint-Honoré 75008
🚇 ⑧⑫⑭Madeleine
🕐 月〜金9:00-18:00、土10:00-18:00　日休
€ エスプレッソ€3、フラット・ホワイト€5
https://www.honor-cafe.com

❀ 8区・シャンゼリゼ ❀

HONOR　オノー

世界的なブランド通りで
本格ロースター・コーヒーを

　ブランドショップがずらりと並ぶフォブール・サントノーレ通りの54番地、立て看板を目印に大きな門をくぐると、中庭にこのショップはある。

　ポップアップのような見た目だけれど、味の方はかなりの本格派。ファッション雑誌のワンシーンに出てきそうなテラスで過ごすコーヒータイムは、癒しのひととき。

フラット・ホワイト(€5)。中庭の奥にあるのはコム・デ・ギャルソンのショップ

❀ 5区・カルチェラタン ❀

COUTUME INSTITUT
クチューム・アンスティチュ

カルチェラタンで
ゆっくり過ごせる超穴場カフェ

　人気デパート『ボンマルシェ』の裏通りにある、パリのサードウェーブ・コーヒーの先駆者『クチューム』。現在8店舗を展開する彼らが、2017年にカルチェラタンのど真ん中にあるフィンランド文化センター内にオープンした支店。いつも大勢の人でにぎわうこの界隈の天井の高い広々とした空間で、ゆったりと『クチューム』のコーヒーを楽しめる、ここは超穴場スポットだ。

MAP P172 81

🏠 33 Rue du Sommerard 75005
🚇 ④⑩Odéon、
　⑩Cluny-la-Sorbonne
📞 0140518909
🕐 火〜日9:00-18:00　月休
€ フラット・ホワイト€5
https://www.coutumecafe.com

右上・パプアニューギニア産の豆を使ったフラット・ホワイト(€5)

くつろぎ系

アイスクリーム2スクープ（€3.5）

MAP P170 82

🏠 7 Rue Notre Dame de Bonne Nouvelle 75002
🚇 ⑧⑨Bonne Nouvelle
📞 0177126341
🕐 月-金8:00-17:00、土9:00-17:00、日10:00-17:00
€ ティー各種€4.5 エスプレッソ€2.3、グラス
　ワイン€4.5~、日替わりランチ€12.5
http://www.les2aucoin.fr

─ 2区・ポワソニエール ─

les 2 au COIN

レ・ドゥ・オ・コアン

お花に囲まれた都会のオアシスで
手作りケーキを

　にぎやかな大通りから入った裏道に、こんな落ち着け
るスポットがあるのか!?　とびっくりしてしまう、この店
は都会のオアシス。壁に並ぶ季節の花々は、ディスプレ
イかと思ったら売り物。フラワーショップの中でお茶を楽
しむ、というのがコンセプトだ。

　クロワッサンとコーヒーで朝食もできるし、キッシュや
サラダで軽めのランチ、ホームメイドのスイーツで午後の
お茶、そしてハムやチーズをつまみにアペロタイムと、1
日のシーンに合わせて活用できる。もちろんWi-Fiも完備。
地下には貸切り用のスペースもあるなど、利用するお客
さんの使い勝手を考えているオーナーの気配りもうれし
いところ。

　アイスクリームも気前の良い大きさで、都心のこのエリ
アにしては値段設定もかなり良心的。静かなカフェでゆっ
くりしたいな、というときに覚えておきたい場所だ。

邸宅のようなインテリア。家具もすべてサラ・ラヴォワンヌの作品

ここも
CHECK

サラのブティックはパリ市内に4店舗
あり、ヴィクトワール店（写真）には
ランチもとれるカフェレストランも。

［ヴィクトワール店］ MAP P170 C

🏠 6 Place des Victoires 75002
📞 0170830000

MAP P170 83

🏠 28 Rue Saint Roch 75001
🚇 ⑦⑭Pyramides、①Tuileries
📞 0170830000
🕐 月-日7:00～翌1:00
€ エスプレッソ€5、ティー各種
　€8、グラスワイン€7～、ソフト
　ドリンク€8
https://www.leroch-hotel.com/

❈ 1区・オペラ ❈

LE ROCH HOTEL & SPA
ル・ロック・ホテル＆スパ

気鋭の女性クリエイターが手がけた、ラウンジカフェ

　雰囲気が良くて落ち着けるカフェが案外少ないオ
ペラ座界隈で、とっておきの場所。2016年にオー
プンしたこのデザイナーズホテルは、東京・青山に
ある『ELLEカフェ』の内装も手掛けた、今フランス
で大注目の女性クリエイター、サラ・ラヴォワンヌ
がインテリアデザインを担当。ゆったりとしたソ
ファが置かれた書斎風の空間は、洗練されていて優
雅。なのにほっとくつろげる温かみがあって、つい
長居してしまう。ホテルのラウンジなのに、ドリン
クの値段はこの辺りのカフェと変わらないのもうれ
しいポイント。彼女が手がけたアートな空間は、そ
こにいるだけで心を豊かにしてくれる。

ギャラリーを兼ねた店内のインテリアが定期的に変わるのも楽しい

MAP P173 84

🏠 8 Rue Saint-Bernard 75011
🚇 ⑧Faidherbe-Chaligny
☎ 0890213929
🕐 火〜土8:00-17:30、日10:00-17:30　月休
€ ランチのセットメニュー €8.4、フラット・ホワイト€4.2
https://www.facebook.com/melmichetmartin

❖ 11区・シャロンヌ ❖

MEL, MICH & MARTIN

メル、ミック&マルタン

写真を撮る手が止まらない、インテリアに胸キュンのカフェ

　このキャンティーン風カフェのコンセプトは、"カフェ兼ギャラリー兼ブティック"。インテリアの一部になっているシューズや、ビンテージの古着などは売り物。アーティストのアート作品もさりげなくディスプレイされ、どこを切り取っても可愛くて、写真を撮り出すと止まらなくなる。

　そんな遊び心の一方で、容器はすべてリサイクル素材。メニューには、栄養価が高いスーパーフー

ド、ビーポーレン（蜂が集めた花粉）を添えたヨーグルトが並ぶなど、メルとミックとマルタンのオーナー3人が発信するメッセージは店のいたるところで感じられる。

　ランチタイムには、トリュフ風味のモッツァレラなど、具材にこだわったサンドイッチに加え、サラダとフレッシュジュースがセットになった軽い食事もとれる。

KODAMA コダマ

40種類のオリジナルティーがある"お茶バー"

　ここ最近、パリでちょっとこだわりがあるカフェは、たいていこの店のお茶を置いている。台湾に滞在中にお茶に目覚めたというフランス人男性2人と、その姉を加えた3人が、2015年、ファッション業界者も多いパリの2区にオープンした、ここは"Bar à thés（お茶バー）"だ。

　日本やベトナム、インドなどから直接仕入れた茶葉を、店の奥にある工房で加工していて、ブラックティー、グリーンティー、フレーバーティーなど、常時約40種をラインナップ。すべて店内で味わうことができるほか、買って帰って自宅でも楽しめる。

　バニラ風味のアールグレイは「London 7AM」、スパイスを効かせたプーアールティーは「黒魔術」など、彼らがつけるネーミングはどれもユニーク。緑茶にしょうがとレモンピールを加えたものなど、フレーバーにもオリジナリティがあって、毎月新作も登場するからお茶ラバーを飽きさせない。ちなみに店名の『KODAMA』は「木霊」からとったのだそう。

上・「ありのままの人生」という名のハイビスカスティー（€4.2）

MAP P170 85

🏠 30 Rue Tiquetonne 75002
🚇 ④Étienne Marcel
📞 0145088344
🕐 月〜金、日13:30〜19:00、土11:00〜20:00
€ お茶 €4.2 / €5〜、お菓子€1.8〜4.9
https://www.shop-kodama.com

岩塩がアクセントのブラックチョコ入りクッキー（€2.6）は絶品！

MAP P171 86

🏠 10 Passage Rochebrune 75011
🚇 ③Rue Saint-Maur/Parmentier、⑨ Voltaire
📞 0143387261
🕐 水~金8:30-18:00、土 日10:00-18:00 月火休
€ エスプレッソ€2.5、カフェラテ €5、スコーン€2、マフィン€3.5
https://www.facebook.com/ brokenbiscuitsparis/
※13Av. Parmentier に2号店あり

店の前のちっちゃなベンチが特等席。チーズケーキ€6、カフェラテ€4

※ 11区・オベルカンフ ※

Broken Biscuit　ブロークン・ビスケット

路地裏で、ひそかに至極のお茶タイム

スコーンやパウンドケーキといった王道のイギリス菓子や、アールグレイや抹茶を使ったタルトなど、フランス人パティシエの店とは違った味に出会える店。イギリス人オーナーおすすめのバニラチーズケーキは、シナモン味のビスケットのザクザクした食感と、クリーミーなチーズのハーモニーが至福の味。自家製グラノーラも人気。

工房があるこの1号店はテイクアウトのみで、徒歩3分ほどのAv.パルモンティエにある2号店にはゆったりしたカフェスペースがある。

※ 18区・バティニョール ※

LE BAL
ル・バル

MAP P167 87

🏠 6 Impasse de la Défense 75018
🚇 ②⑬Place de Clichy
📞 0144707551
🕐 水~金12:00-23:00、土日11:00-19:00（11:00-15:00までブランチ） 月火休
€ ケーキ€4、ティー €4
http://www.le-bal.fr

アートスペース内の癒しカフェ

モンマルトルの外れにある、独立系アートスペースに併設されたカフェ・レストラン。館内には写真や映像作品を展示するスペースやアート系のブックショップもあり、世界中の写真愛好家にファンが多い国際的な写真家集団『マグナム・フォト』の元欧州部門ディレクターが館長を務めている。

小さなグラウンドに面したテラス席にいると、パリの喧騒を忘れてしまう。グラノーラやパンケーキなどの朝食系や、ビストロ風のランチセットもあるけれど、ここではホームメイドの焼き菓子とお茶でのんびり過ごす昼下がりが最高！

ランチはセットメニュー（€18~22）も

BLANCHE ブランシュ

高級会員制スポーツクラブで非日常的なティータイムを

　パリの街角にあるカフェは雰囲気があっていいけれど、たまには変わったところでお茶タイムをしたい、というときにおすすめしたいのが、SOPI地区の高級スポーツクラブ内にあるこのカフェ・レストラン。会員でなくとも利用できるのに、あまり知られていないので超穴場。フランスの高級スポーツクラブってどんなところだろう？　という好奇心も満たしつつ、ラグジュアリーな空間でゆったりと過ごせるのが魅力。

カフェは、ビルの入り口を入って左手にある階段を上がったところ

MAP P167 88

🏠 21 Rue Blanche 75009
🚇 ⑫Trinité、⑬Liège
📞 0140402161
🕐 月-金7:00-23:30、土日8:00-20:00
€ フレッシュジュース€6、スムージー €8~10
http://21blanche.com/#prospect/accueil

Hanoï Corner
ハノイ・コーナー

ゆっくりと時間が流れるベトナムコーヒー専門店

　素敵なベトナム人カップルが営むコーヒーショップ。青磁の器やコーヒー豆は、すべて本国から取り寄せたもの。植民地時代にフランスから伝わったコーヒーを独自のスタイルに発展させたのがベトナムのコーヒーで、今では豆の生産量も世界2位というコーヒー大国に。深めに煎った豆を、金属製のフィルターで1滴ずつゆっくりと抽出。それを待つ間に気持ちが安らいでいくのも、ベトナムコーヒーの楽しみ方だ。

　卵黄と砂糖を混ぜてティラミスのような味になるベトナム名物のエッグコーヒーも飲める。

MAP P167 89

🏠 7 Rue Blanche 75009
🚇 ⑫Trinité　📞 0619264795
🕐 月-金10:00-16:00 土11:00-18:00　日休
€ ベトナム風コーヒー €3~、エッグコーヒー €6
https://www.hanoicorner.fr/accueil

上・アラビカ豆を使ったベトナムコーヒー（€3.5）

O/HP/E オープ

出来たての焼き菓子が美味しいコンセプトストア

　この変わった店名は、「オブジェ、ホームメイド・パティスリー、エピスリー（食料品店）」の頭文字をとったもの。自宅で使いたくなるテーブルウェアや、店内のアトリエで作った出来たての焼き菓子が並ぶコンセプトストアだ。店内に甘～い香りを漂わせる手作りのパウンドケーキやクッキーはどれも美味しそうで、きっと迷ってしまうはず。

MAP〉P170 90

🏠 27 Rue du Château d'Eau 75010
🚇 ⑤Jacques Bonsergent
📞 0142415816
🕐 火14:00-19:00、水-金8:30-19:00（金は19:30まで）、土9:30-19:30、日9:30-18:30　月休
€ パウンドケーキ€3.5、クッキー €2.9

シャトー・ドー通り周辺にはおしゃれなショップが続々オープン

パリにもじわじわと流行の波が来ているターメリックなどが入ったゴールデンラテ（€5）

Blackburn Coffee
ブラックバーン・コーヒー

ゆる～い午後を過ごしたくなったらここへ

　ローカルなエリアにある雰囲気の良いカフェに行きたいときにおすすめしたいのが、「Homie（仲間）でコーヒーを飲みにいく場所」とうたっているこの店。お客さんかと思ったドレッドヘアの兄さんがゆるい感じで店番をしているが、コーヒーは、アエロプレスなどの抽出器具がそろった本格派。朝食メニューのフレンチトーストが人気。

MAP〉P170 91

🏠 52 Rue du Faubourg Saint-Martin 75010
🚇 ⑤Jacques Bonsergent、④Château d'Eau
📞 0142417331
🕐 月-金9:00-18:00、土日10:00-19:00
€ エスプレッソ€2.5、カフェラテ€4、朝食セット€8-14
https://www.blackburn-paris.com

MATAMATA
マタマタ

ほのぼのした雰囲気で、絶品アボカドトーストを

　日本語っぽい響きの店名だけれど、オーナーの思い
出の地であるニュージーランドの町名をとったもの。
この店のアボカドトーストは、たっぷりのアボカド、
香ばしいアーモンドスライスとチリパウダーのピリ辛
味に、はちみつのほの甘さが絶妙に混ざり合った、個
人的にはパリでNo.1級の味。

MAP P170 92

上・アボカドトース
トは、ランチタイ
ムならドリンクと
セットで€12。左・
地下にはグループ
で入れるスペース
も

🏠 58 Rue d'Argout, 75002 Paris
🚇 ③Sentier　☎ 0171394458
🕐 月-金8:00-17:00、土日9:00-17:00
€ カフェラテ€5、アボカドトーストとドリンクのセット€12
http://www.matamatacoffee.com

HÔTEL PARTICULIER
MONTMARTRE
ホテル・パティキュリエ・モンマルトル

近隣住人も知らない!?　究極の隠れ家で午後のティータイムを

　パリジャンにとって「憧れのアドレス」といわれるアヴェ
ニュー・ジュノにある、隠れ家中の隠れ家カフェ。看板が
出ていないので、番地と隣の不動産屋を目印に行こう。表
門が閉まっていたら、インターフォンを鳴らす必要がある
が「カフェ」と言えばすぐに開けてくれる。値段はやや高め
だが、エレガントなホテルの秘密の花園のような中庭で楽
しむティータイムや夕方の一杯は、日常を忘れる至極のひ
ととき。海外セレブがお忍びで滞在していることも。

すっきりさわやかな
アイスティー（€7）

MAP P170 93

🏠 23 Av. Junot 75018
🚇 ⑫Lamarck-Caulaincourt/Abbesses
☎ 0153418140　🕐 月-金8:00-11:00、12:00-14:30、火-土19:30-22:30、
土日11:30-16:00（ブランチ）
€ エスプレッソ€4、ハイネケン小ボトル€8
https://www.hotelparticulier.com

便利に使える！
スーパーのイートイン

　日本のコンビニエンスストアでもイートイン・コーナーが増え、利用する人が多いけれど、パリでも数年前から、入り口付近にテーブルやイスを置くスーパーが急激に増えている。サラダバーや、しぼりたてのオレンジジュース、ローストチキンなどの温かいものを提供している店舗もあって、外食代が高いパリでは、観光客にとってもありがたい存在。Wi-Fi完備のところもあるから学生たちもよく利用している。

　イートイン・コーナーを積極的に展開しているスーパーチェーンは、リンゴのマークが目印のfranprix（フランプリ）や、食料品だけでなく生活雑貨も充実しているMONOPRIX（モノプリ）。モノプリのレ・アル店は、特にサンドイッチやケーキなども豊富なテイクアウト・コーナーを併設していて、広々としたカウンター席やテラス席まである。マシンのコーヒーは1.5ユーロから飲めるし、ちょっと休憩したいときや、逆に長居したいときにもとっても便利だ。

　「外食は、レストランやカフェで、きちんとしたテーブルサービスで」、という概念がこれまで強かったフランスだけど、より手軽でカジュアルな習慣を好むようになったという食文化の変化を感じる新トレンドだ。

Franprixのコーリャンクール店。

モノプリのレ・アル店。

Chapter

7

アペロ文化を体験

On se fait
un apéro?

❖◦❖◦❖◦❖◦❖◦❖◦❖◦❖◦❖◦❖◦❖

　「アペロ」とは「アペリティフ」の略で、ディナーの前の軽い一杯のこと。友だち同士の間でも、ちょっと大げさな感じがする「ディナー」より、ワイン1本抱えて気軽に集まるアペロのお誘いが主流だ。つまみも、バゲットと、スーパーで買ってきたハムやチーズ、スナック菓子といった簡単なもので、だらだらつまんで飲んで、夜遅くまで話し込む。

　最近は、20代くらいの男性は、圧倒的にワインよりビール派。彼らいわく「ワインはおじさんの飲みもの！」で、クラフトビールの専門店や、店内で醸造する「マイクロブルワリー」も増えてきた。心なしかクラフトビールのバーは、客のイケメン率が高い気が……!?

ワインバー

MAP P171 94

🏠 51 Rue de Belleville 75019
🚇 ②⑪Belleville
📞 0140341295
🕐 月17:00-0:00、火-土10:00-0:00、日11:30-18:30
💶 グラスワイン€5.5〜、パテ€6、ハムとチーズの盛り合わせ 小€11.5、大€20
http://lacavedebelleville.com

❋ 19区・ベルヴィル ❋

LA CAVE DE BELLEVILLE

ラ・カーヴ・ドゥ・ベルヴィル

ワインセラーの中で飲んでいるみたい? なとっておきのワインバー

　店内に足を踏み入れると、あたり一面にワインボトルが。一気にテンションが上がったところで、席に案内されると同時に空のグラスが運ばれてくる。グラスで頼む場合は、黒板に書かれている本日のおすすめから選ぶが、「フルーティな白」「ライトな赤」など、ざっくりとした好みを伝えれば、ぴったり合いそうなものを店員さんが選んでくれる。決める前に味見させてくれるから、好みじゃ

なければ遠慮なく別のものを持ってきてもらおう。
　2杯目に違うワインを頼んでも、同じグラスを使うのがフランス流らしい。そういえばホームパーティーでも、フランス人はみんな気にせず銘柄の違うワインを同じグラスで飲み続けている。
　この店のワインはほぼすべてナチュラルワインで、プラス7ユーロのコルクチャージで買ったボトルをその場で飲むこともできる。

上・奥には大テーブルもあって、ダイニングルームにいる感じでワインを囲んで会話も弾む。右上・フェタチーズとオリーブのおつまみ(€8)。右・店頭では、サラミやチーズなど、ワインに合いそうなおつまみも販売

エディット・ピアフや
ショパンら、世界的な
文化人が眠るペール・
ラシェーズ墓地のそば

右・ズッキーニのガレット
目玉焼き乗せ（€8）

❀ 11区・シャロンヌ ❀

YARD ヤード

路地裏にひっそりと立つ、モード系ピープルに人気のバー

　白い壁に店名ロゴがバーンと描かれたアイコニックな外観が、よくファッション誌の撮影などに使われているからか、モード系のおしゃれピープルが集まっている。というと「敷居が高そう？」と思うかもしれないが、店員さんはみんな人懐っこくて入りやすい。

　グラスワインやつまみの種類は多くないが、隣にあるビストロが親玉だけに味は上々。写真の「ズッキーニのガレット目玉焼き乗せ」（8ユーロ）は、短冊に切ったズッキーニをパンケーキ状にして焼いたものに目玉焼きを落とした単純な料理なのだが、塩加減や具材同士の味のまとまりがバッチリで、「こんなにシンプルなのにこんなに美味しいの!?」とうれしい驚きだった。ワインが進むチーズ入りのライスコロッケ「アランチーニ」は1個2ユーロ。

　カジュアルな雰囲気で、ちょっとした小皿をつまみにナチュラルワインで一杯やりたい、というときにぴったりの店。

MAP P173 95

🏠 6 Rue de Mont-Louis 75011
🚇 ②Philippe Auguste
📞 0140097030
🕐 月-金12:30-14:30、17:00-0:00、
　土・日17:00-0:00
€ グラスワイン€6~、タパス€2~15

タコのサラダ(€13)

MAP P173 96

🏠 80 Rue Sedaine 75011
🚇 ⑨Voltaire
📞 0143575968
🕐 火–金12:00–15:00、18:00–翌2:00、
　土日18:00–翌2:00　月休
💳 つまみ€6~15、グラスワイン€6
　前後
https://www.coupdoeil.paris

❀ 11区・バスティーユ ❀

COUP D'OEIL クー・ドイユ

ワイン愛好家が厳選した珠玉のワインに出会える店

　ナチュラルワイン愛好家の店主が、古いビストロを買い取って2018年にオープンした店。店内の真ん中にどーんとしつらえられた年代もののオーバルのカウンターテーブルが実に美しい。

　ここに集まる客は、店主が厳選したワインの品ぞろえに惹かれてくる人がほとんど。メニューから選んでもいいけれど「こんな感じのものを」と伝えてセレクトしてもらうと、それまで知らなかっ

た産地のワインとの出会いがあったりする。オーダーは、赤、白、ライト、フルボディ、といったシンプルな好みでも十分だ。

　昼はビストロランチを出しているだけあって（そちらも大好評！）、つまみの小皿料理も実にハイレベル。タコのサラダなど、ついワインが進んでしまう罪な美味しさだ。

　土曜の夜は、ライブ演奏をやっている日もある。

❀ 11区・バスティーユ ❀

LE CHAT IVRE

ル・シャ・イーヴル

美味しいつまみをたくさん食べたいときは、ここに直行!

「酔っ払ったネコ」という名前のこの店は、なんといってもつまみが豊富でどれもうまい! イカフライやエビの天ぷら、まぐろのステーキなどシーフード系も充実。ほかのテーブルに運ばれている皿を見ると、「あれも美味しそう!」「こっちはなんだ?」と片っぱしから試したくなるのだが、どれを頼んでもハズレなしの安定の美味しさだ。デザートもあるから、お酒の後のシメに甘いものが欲しくなる乙女心もしっかり満たしてくれる。

いつも混んでいるので、予約なしで行く場合は早めに行くか、逆に夜も更けたころに「2軒目のもう一杯」で行くのがおすすめ。バスティーユ地区の繁華街、ロケット通りをちょっと入ったところにあり、日曜も休まず2時まで開いている。

マテ貝のソテー(€8)。ワインの品ぞろえも豊富。半分くらいがナチュラルワイン

MAP P173 97

🏠 22 Rue des Tailandiers 75011
🚇 ①⑤⑧Bastille
☎ 0143557708
🕐 月～日18:30～翌2:00
💳 生ビール25cl €3、グラスワイン€4～、つまみ€6-13
https://www.facebook.com/ChatIvre/

109

LA CAVE AUX LIONS

ラ・カーヴ・オ・リオン

アンティークショップでワインを一杯!

「ライオンの洞窟」という名前のこのワインセラー兼バーは、ブロカント（ガラクタアンティーク）ショップでもある。店内のデコレーションから使っているイスまで、オーナー女性がのみの市で集めた品々。一部を除き販売もしているから、気になるものがあったら声をかけてみよう。

ワインもフランス産だけでなく、南アフリカ、チリ、パリのワインバーでは置いているところの少ないニュージーランド産など、セレクションが豊富。つまみは、トリュフ風味のチップスなどの軽いものから、ワインバーの定番で人気のハムやチーズの盛り合わせ「プランシュ」も。アーティチョークやドライトマトなどのペーストも、濃いめの味付けがワインにぴったりで、山盛りのバゲットがあっという間に空になる。

フレンドリーなサービスも心地よく、軽くつまみながら楽しい時間を過ごすのにぴったりの場所。

プランシュ（小€13、大€21/写真は小）、アーティチョークとナスのペースト（€6.5）。ペースト類は購入もできる

 MAP P170 98

🏠 41 Rue Rodier 75009
🚇 ②Anvers、⑦Cadet
📞 0171205529
🕐 月〜土18:00〜0:00（土は17:00から）　日休
💳 ワイン グラス€6〜、ボトル€25〜、つまみ€3.5〜
https://www.lacaveauxlions.fr

手前にはカウンター席があって一人でも入りやすい

上・絶品のしいたけソテー（€5）はぜひお試しを

MAP P169 99

🏠 54 Rue de Seine 75006

🚇 ④Saint-Germain-des-Prés、 ⑩Mabillon、
④⑩Odéon

📞 0143543450

🕐 月~日12:00-0:00

€ グラスワイン €5~、小皿料理€5~11

Freddy's

フレディーズ

昼から一杯やりたい気分のときは
この店で決まり！

　サンジェルマン・デ・プレ界隈で美味しい小皿料理をつまみに一杯やりたいときにおすすめしたいのがここ。週末も開いているし、夜からオープンするところが多いワインバーには珍しく、昼の12時から通しで営業しているから、「一人でさくっと昼飲みしちゃおうかな」というときにもとってもありがたい店なのだ。

　このお店の人気の秘密はそれだけでなく、料理の美味しさにある。どれを頼んでもハズレなし。シェフに日本人の方がいて、しいたけのソテーなどという惹かれるメニューも並んでいる。ごま油がふわんと薫るこの生しいたけのソテーは、ひと口食べた瞬間、「これ美味しいっ！」と声が出ること請け合い。まぐろのソテーやビーフのたたきといった野菜もの以外のメニューも充実。シックな店内も居心地が良い。にぎやかなBuci通りを入った絶好のロケーションにある。

LE BEL ORDINAIRE

ル・ベル・オーディネール

フランス初！ ワイン好きがクラウドファンディングでオープンしたバー

　弁護士、ジャーナリスト、会社経営者、シェフ、ワイナリー所有者など、総勢185人が出資してオープンした、フランス初のクラウドファンディングでできたワインバー。2017年3月に開店したこの1号店に彼らが選んだのは、今最も注目のポワソニエール地区（10区）。もともと照明器具のショップだった店舗は天井が高く、ちょっぴりNYのソーホーを連想させるインテリアだ。

　ワイン好きが作った店だけに、彼らのアンテナに引っ掛かった厳選されたボトルがそろい、「ワインにはこういう肴が合う」という"愛飲家推し"の料理が用意されているのもうれしいところ。

MAP P170 100

🏠 54 Rue de Paradis 75010
🚇 ⑦Poissonnière
📞 0146274667
🕐 火-土11:00-23:00（食事のサービスは、ランチは火-金12時ごろから、夜は19:30ごろから）　日月休
💶 夜のタパス料理€5~16、グラスワイン€6~
http://www.lebelordinaire.com

いつも誰かしら出資者が飲んでいる。自分の店で飲む気分はきっと最高だろう

ここも CHECK

2019年5月、川の対岸5区にあるグルメストリート、ムフタール通りの近くに2号店もオープンした。

[2号店]　MAP P172 C

🏠 5 Rue de Bazeilles 75005
📞 0981117278

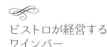

ビストロが経営する
ワインバー

❀ 11区・シャロンヌ ❀

fulgurances, en face

フルギュランス・オン・ファス

人気ビストロのエスプリそのままの
ワインバー

　店名の「en face」は、「お向かい」の意味で、同名の
レストラン(→P38)が向かい側にオープンしたワイン
バー。こちらは予約なしで気軽に立ち寄れる。ワインは、
気に入るものに出会うまで、陽気なお兄さんが何度で
も(たぶん)味見させてくれるので、いろいろ試してみ
よう。つまみは、野菜をふんだんに使った無国籍料理
というのも、パリのトレンドっぽい。

奥の大テーブルでは、貸し切って小パーティーもできる

MAP P173 101

🏠 5 Rue Alexandre Dumas 75011
🚇 ⑨Rue des Boulets
📞 0145689252
🕐 月〜金18:00-0:00　土日休
💶 グラスワイン €5〜、小皿料理€6〜12
https://fulgurances.com/les-restaurants/wine-bar-paris/

❀ 11区・シャロンヌ ❀

Septime La Cave

セプティム・ラ・カーヴ

予約困難な超人気レストランが厳選するワインが手軽に飲める店

　英国のメディア会社『ウィリアム・リード・ビ
ジネスメディア』が毎年発表する、世界的に権威
のある『世界のベストレストラン50』。その2019
年度版で15位にランキングされた予約困難な人
気店『Septime』が、厳選したワイナリーから仕入
れたワインが飲めるバー。つまみもすべてレスト
ランと同じ仕入先のものなので、ちょっとしたオ
リーブだけでも別次元のクオリティー。

オリーブ盛り合わせ (€6)

MAP P173 102

🏠 3 Rue Basfroi 75011
🚇 ⑨Charonne
📞 0143671487
🕐 月〜日16:00-23:00
💶 グラスワイン€6〜、小皿料理€4〜15

クラフトビールバー

その昔、パリを荒らしたギャンググループのタトゥーにちなんだ「L'oeil de Biche」という名のペールエール。ハーフパイント(€4)

MAP〉P171 103

🏠 41 bis Quai de la Loire 75019
🚇 ⑤Laumière/Ourcq、⑦Riquet/Crimée
📞 0140364355
🕐 日-月11:00-2:00 (ランチ12:00-15:00、
　 ディナー 18:30-23:00)
€ ハーフパイント€4、パイント€8
http://www.panamebrewingcompany.com

❀ 19区・ビュット・ショーモン ❀

PANAME BREWING COMPANY

パナマ・ブリューイング・カンパニー

天気が良い日にデッキで味わう至極のクラフトビール

　店内奥に堂々と並ぶ醸造釜で作られた出来たてのビールが飲める、というだけでもそそられるのに、運河に張り出したデッキが「ここはパナマか?」(行ったことはないが)という異国情緒を醸してくれるのだから、天気が良い日にビールが飲みたくなったらここに行くしかない。

　店のオリジナルのクラフトビールは、ペールエールやホワイトビールなど、常時5種類がタッ

プにスタンバイしている。

　ランチやディナータイムには食事もできるが、ここはトルティーヤチップス (8ユーロ) などのフィンガーフードでゆっくりビールを味わうのが極みだ。

　メトロJaurès駅 (②⑤⑦bis) で降りて、運河沿いをのんびり散歩しながら行くのもおすすめ。運河の両側には映画館もある。

4 bis Av. Jean Aicard 75011
②Ménilmontant、③Rue Saint Maur
0148064094
月−日17:00−(火〜木翌1:30まで、金
土翌2:00まで、日月23:45まで)
生ビール24cl €3.5〜
http://www.lafinemousse.fr

❀ 11区・メニルモンタン ❀

la fine mousse

ラ・ファイン・ムース

ビール好きはまずこの店へ。パリ随一の品ぞろえに大満足！

7年前にオープンした、パリのビールファンの聖地。カウンターの向こうにはずらっと20のタップ。常時そのうちの10種類を入れ替えているから、毎回違う味に出会える。

カウンターで好みの味を伝えると、ビール愛にあふれた気の良いバーマンがオススメをチョイスしてくれる。選ぶ前に味見もさせてくれるから、

いろいろ試して好みの味を見つけよう。生ビールだけでなく、瓶ビールの品ぞろえもびっくりするほど豊富で、サワーエールの逸品「ジェスターキング」(37.5clのハーフボトルが40ユーロ！)など、世界の名品がそろっている。

表通りから入った、公園に面したロケーションも静かで落ち着ける。

シングルホップのアメリカ産
ペールエール、Ben Simcoe。
柑橘系の爽やかな味(€4.5)

日本に旅行してすっかり酒ファンになったという
バーマンのマテューさん

自家製のジューシー・ペールエール（€4）は鉄板のおいしさ

fauve CRAFT BIÈRE

フォーヴ・クラフト・ビエール

人気のエリアにオープンした最旬マイクロブルワリー

2019年6月に、シャロンヌ通りにオープンした醸造所兼ビールバー。室内にある釜で作られた出来たてのビールがその場で飲める。16あるタップのうち6種類ほどが自家製で、後は世界中から取り寄せた"ゲスト"ビール。テイスティング用のミニグラスで気軽に味見もさせてくれる。

12時から14時半までのランチタイムには、前菜、メイン、デザートとも3種類から選べるセットメニューなどしっかりした食事もできる。

夜のフードサービスは19時半から。それ以外の時間はひたすらビールのみだが、昼前から深夜までずっと開いているので、にぎやかな夜にワイワイやるもよし、静かな昼下がりにのんびり一杯やるのも幸せなひとときだ。

MAP P173 105

🏠 64 Rue de Charonne 75011
🚇 ⑧Ledru-Rollin、⑨Charonne
☎ 0652093924
🕐 火-日11:30-翌2:00 月休
💶 生ビール25cl／€3〜、50cl／€5〜
　　夜の小皿料理€3.5〜€12.5
　　ランチのセットメニュー：メイン＋前菜かデザート€16、前菜＋メイン＋デザート€20
https://fauvebiere.com/pages/cuves-de-fauve

はっと目をひく青いひさしが目印

outland アウトランド

雰囲気も味も抜群の、ビール好きによる、ビール好きのための店

パリ郊外にある醸造所で製造した自家製クラフトビールを提供する、職人気質を感じる店。店内にある12のタップのうち8つがオリジナル。柑橘系から苦味の強いものまで、ラインナップは常にローテーションしているから、いつ行っても心惹かれる一杯に出会える。

つまみは、ハムの盛り合わせやオリーブといったシンプルなものだが、それぞれの素材は厳選した専門業者から仕入れているから、クオリティーの高さは保証付きだ。

6種類のクラフトビールを試せる約1時間の利き酒コースもある（要予約/15ユーロ）。発酵が完了して完成品を受け取るまで約1カ月かかるが、プロの指導を受けながら自分好みのテイストで20リットル分のオリジナルビールを作れる約4時間のコースもある（要予約/完成品込みで150ユーロ）。

ローストした野菜をペースト状にした野菜のパテ（€8）は手が止まらない美味しさ

MAP P173 106

🏠 6 Rue Émilie Lepeu 75011
🚇 ⑨Charonne
📞 0146590428
🕐 月〜土18:00-2:00、日18:00-0:00
€ 生ビール25cl / €3〜、50cl / €5〜
https://outland-beer.com/home

ちょっとエレガント系

上・ロビーラウ
ンジもシック。
右・グラスワイ
ン（€12）

MAP P170 **107**

🏠 243 Rue Saint Martin 75003
🚇 ③④Réaumur Sébastopol、
　③⑪Arts et Métiers
📱 0180972280
🕐 月-金17:00-0:00、土日15:00-0:00
€ グラスワイン€12、コカコーラ€7

❧ 3 区・モントルグイユ ❧

HOTEL NATIONAL DES ARTS ET METIERS

ホテル・ナシオナル・デ・ザール・エ・メティエール

デザイナーズホテルの屋上で、パリを一望しながら特別なひとときを

　エッフェル塔やモンマルトルのサクレクール寺院などが一望できる、デザイナーズホテルの屋上にあるバー。高い建物が規制されているパリでは、街を一望できるようなルーフトップバー自体がほとんどないから、それだけでも貴重だ。

　ホテルだけに値段はやや高めだが、この景色を眺めながらグラスを傾けるスペシャル感にはその価値十分。空がなんともいえないピンク色に染まる夕暮れどきのパリの風景は、きっと忘れられない思い出になる。

　夕方18時を過ぎるころからはホテルの外に行列ができるので、オープン後すぐが狙い目。ちょっとおしゃれして、パリの夜の魅惑のアペロタイムを楽しみたいときにはぜひ。

5区・カルチェラタン

Café Universel

カフェ・ユニヴェルセル

パリのジャズ愛好家たちに混ざって、生演奏を聴きながら一杯

パリのジャズ好きなら知らない人はいないジャズカフェ。2018年に引退した先代が40年続けたこの店を、ポルトガル人の新オーナー、フェルナンドさんが引き継いだ。

ほぼ毎日コンサートをやっているが、ミュージックチャージはないので、気軽に入れてジャズの生演奏を聴きながら一杯、という素敵な夜が楽しめ

る。12時から20時半まではフードのサービスもあり、オーナーの郷土料理であるタコのグリルといったポルトガル料理が登場することも。

毎週火曜日は、プロのバンドマンの伴奏で歌えるオープンマイクの日。誰でも参加できるので、パリ旅行の思い出にカラオケ気分で歌ってみては？　出演バンドも常時受け付けている。

ポルトガル人の新オーナー、フェルナンドさん

MAP P172 108

🏠 267 Rue Saint Jacques 75005
🚇 RER⒝ Luxembourg / Port Royal
📞 0171326438
🕐 火〜日7:00-0:00（日は14:00まで）
　月休
€ グラスワイン€4〜 ハンバーガー
　€12、クロックムッシュ €9、ハム
　とチーズの盛り合わせ€15
https://www.cafeuniversel.org

ここも CHECK

Péniche Marcounet

ペニーシュ・マルクーネ

セーヌ川に停泊する船を利用したジャズバー。

MAP P172 C

🏠 Port des Célestins, Quai de
　l'Hôtel de ville, 75004
🚇 ①Saint Paul、⑦Pont Marie
🕐 月〜日12:00-0:00
https://www.peniche-marcounet.fr

スポーツパブ

平日の17時から20時にはパイントのビールが€5で飲めるハッピーアワーも

ここも
CHECK

Le Sous-Bock
ル・スー・ボック

コアなラグビーファンに人気の、
深夜まで開いているスポーツバー。
選手が顔を出すことも。

MAP P172 C

🏠 49 Rue Saint Honore 75001
📞 0140264661

プルドポークのタコ
ス（€14.9）。サイド
はさつまいものフラ
イがおすすめ

MAP P170 109

🏠 116 Rue Saint Denis 75002
🚇 ④Étienne Marcel
📞 0142363473
🕐 月9:00-0:00、火 水9:00-翌1:00、木 金9:00-翌
2:00、土10:00-翌2:00、日10:00-0:00
€€ クラフトビール:ハーフ€4.5、パイント€7、タ
コス各種€14.9
https://www.frogpubs.com

❖ 2区・モントルグイユ ❖
THE Frog & ROSBIF
ザ・フロッグ＆ロスビフ

ビール片手に、スポーツ観戦でワイワイ盛り上がろう！

パリ市内に現在9店舗を展開する、イングリッシュパブ風のスポーツバー。店内で醸造したビールを出すマイクロブルワリーとしては創業25年の古株で、毎日フレッシュな作りたてが飲める自家製クラフトビールは魅力的。それに加えてこの店の醍醐味は、スポーツ観戦だ。

とくにラグビーの国際マッチがあるときは、両軍のファンが詰めかけて、店内はスタジアムさな

がらの熱気に包まれる。ライブ中継される試合はサイトで確認できるから、気になるゲームがあるときはチェックしてみよう。

ビールによく合うチキンウィングやタコスといったフードメニューも豊富。シェア用のおつまみプレート（18.5ユーロ）や、2.3リットルのピッチャーのビール（24ユーロ）もあるので、仲間とワイワイやるのも楽しい。

食べ尽くしたい
パティスリー

Une vraie
addiction française

❖❖❖❖❖❖❖❖❖❖❖❖❖❖❖

　チョコレートや糖類で表面をつやつやにしたドーム型のケーキが大流行したのはひと昔前。その後は、今まで丸型が基本だったタルトが正方形になったりと、パティスリーにもトレンドがある。発信元はだいたい有名パティシエで、街角のパン屋さんも真似するようになると、「ああ、流行になったな」という印だ。

　ここ最近のブームは、中を絶妙なもちもち具合に焼いたメレンゲに、クリームとフルーツを乗せたオーストラリアやニュージーランド発の「パブロバ」。専門店もいくつかできているし、ビストロのデザートにもよく登場する。

　炭を混ぜ込んだ黒いケーキや、バジルや青しそなどのハーブ系を使ったものも今っぽい。

パティスリー
（ケーキ屋さん）

青しそとライムは兄弟だったの
か!? というくらい相性ぴったり
のさわやかなタルト€4.8

❀ 10区・オベルカンフ ❀

YANN COUVREUR
ヤン・クヴルー

出来たてが味わえる、1日50個限定のミルフィーユ

　気鋭の男性パティシエ、ヤンさんが、3つ星ホテルのパティシエ経験を経て2017年に独立したときにこだわったのは、素材の味をいかに一番美味しい状態で届けるか。なのでベースは別のアトリエで作るが、仕上げ作業はすべて店内で。イートインでのみで提供している1日50個限定のミルフィーユ(10ユーロ)は、注文を受けてからクリームを絞るから、極薄の生地のパリパリととろ～りクリームが口の中で混ざり合う食感がたまらない。ほかのケーキは持ち帰りOKだけれど、すぐに食べるのとは香りや食感があきらかに違うので、できれば店内で味わいたい。

　この店のカスタードクリームは、香りが深く、生産量も少ないことから希少価値が高いレユニオン産のバニラビーンズを使った自信作。それが存分に味わえる「フラン」（プリン風のタルト）や、オレンジフラワーが香る6個入りのミニシュークリームもおすすめ。

前日の深夜までにネットでオーダーすれば、翌日の
10時以降に店頭でピックアップできる

MAP P171 110

🏠 137 Av. Parmentier 75010
Ⓜ ⑪Goncourt
🕐 月〜日8:00〜20:00
€ ケーキ€3.8〜
https://yanncouvreur.com
※マレ地区とデパート『ギャラリー・ラファイエット・グルメ館』内にも支店あり

チキンやサーモンを使った見た目も鮮やかなキッシュで軽いランチも

看板ケーキ、黒炭が入った真っ黒のエキノクス（€6）は、バニラ風味のムースとキャラメルソースのハーモニーが絶妙

[ポール・ベール店] MAP P173 11

🏠 24 Rue Paul Bert 75011
🚇 ⑧Faidherbe-Chaligny、⑨Charonne
📞 0155872140（代表）
🕐 月7:00-19:00、火-日7:00-20:00
€ ケーキ€3.5~7
https://www.gourmand-croquant.com/fr/
http://www.cyrillignac.com
※現在、パティスリーやパンなどスイーツ系を扱う店はショコラティエを入れてパリ市内に6店舗、レストランは最新のバースタイルの店を含めて4店舗を展開。

❀11区・シャロンヌ❀

LA PÂTISSERIE CYRIL LIGNAC

ラ・パティスリー・シリル・リニャック

セレブシェフが放つ、想像を超える美味しさの革新的スイーツ

　セレブシェフ、シリル・リニャック氏の店。ド素人の一般人をシェフに育てるリアリティ番組に指導教官として出演して知名度を上げると、その後は有名女優と浮名を流すなど、一躍有名人に。しかし名前だけでなく、「さすがに美味しい」とスイーツ好きをうならせている。

　黒やグレーなど、これまでのケーキではありえなかった色使いに挑戦したり、「タルトは丸い」と

いう概念を覆して四角いタルトを出すなど、リニャック氏はなかなか革新的。そんな見た目のインパクトとは逆に、味や食感のバランスが絶妙でとってもまろやか。いろいろな店で食べた後で、「結局ここのケーキが一番かも」という人は多い。

　エレガントな店員さんをそろえているのも、彼のポリシーがうかがえて好感度大。種類が豊富なパン類も、脂分が少なめで美味しい。

右・バニラの風味がリッチなフラン（€4）。ケーキとの相性もぴったりのアイスティー（€7）。店員さんもとってもフレンドリー

❀ 17区・バティニョール ❀

KL PÂTISSERIE

カ・エル・パティスリー

お菓子作り好きが熱愛する
王道パティスリー

　お菓子作りが得意な友人に「どこのケーキが好き？」と聞くと、ここのケーキを挙げる人が多い。

　ケヴィン・ラコート氏のパティスリーは、奇をてらったデザインや素材で驚きを与えるというより、定番ケーキのグレードを極めたタイプ。フルーツ、チョコ、ナッツ、クリーム、そしてベースの生地といった素材同士の調和が見事にとれているから、口に入れた瞬間から最高潮の美味しさが押し寄せてくる。

　看板商品は、塩キャラメルとミルク味のムースに、マカデミアナッツを合わせたカーラ・ダミア（6ユーロ）。「ここのはどこのものとも違うわよ！」とお店のお姉さんイチオシのフラン（4ユーロ）も、バニラビーンズたっぷりのカスタードとサクサクのパイ生地のハーモニーが抜群で、大きくてもペロリと完食。

　店内にあるガラス張りのアトリエでは、イケメンパティシエ直々のご指導によるケーキ教室も受講できる（要予約 /130ユーロ。約3時間）。

　ゆっくりくつろげる落ち着いたサロンで、美味しいケーキとともに優雅なひとときを。

シェフパティシエ、ケヴィン・ラコート氏の頭文字をとってKL

MAP P166 112

🏠 78 Av. de Villiers 75017
🚇 ③Wagram
☎ 0145716484
🕐 火〜金9:00-19:30、土9:30-19:30
　　日9:30-18:30　月休
💶 ケーキ€6　フラン€4
http://www.klpatisserie.com

DES GÂTEAUX
ET DU PAIN

デ・ガトー・エ・デュ・パン

食べるのがもったいないくらいに可
愛い、「いちご大好き!」という名前
のケーキ「J'adore la Fraise」(€7.3)

フルーツ系ならこの店。見た目も味も感動のご褒美スイーツ

淡～いピンク色やパステルカラーで乙女心をく
すぐるかわいらしいケーキは、女性パティシエ、
クレア・デーモンさんならでは。デザインだけで
なく、スポンジの薄さ加減やクリームのとろみと
いったテクスチャーにも繊細さがあって、それが
ここのケーキの美味しさの秘密でもある。

デーモンさんのこだわりは、旬のフルーツをふ
んだんに使うこと。確かにショーケースには、フ
ルーツ系が圧倒的に多い。そして材料はすべて、
国内の特約生産者から仕入れている。パリでナン
バー1に選ばれたタルト・オ・シトロン(6.8ユー
ロ)は、名前に"Absolu"(究極の)をつけた自信作。
フォークを入れるだけでクリームがとろける。口
に運ぶたびに幸せを感じるご褒美スイーツだ。

MAP P169 13

🏠 63 Bd. Pasteur 75015

🚇 ⑥⑫Pasteur

🕐 水-月9:00-20:00、日9:00-18:00
火休

€ アブソリュ・シトロン€6.8、クロ
ワッサン€1.3

http://www.desgateauxetdupain.
com

※近年スイーツ通りとなって
いる6区のバック通り(Rue du
Bac)にも支店あり

季節ごとに、旬の素材を使った
ケーキがお目見えする

左・ホワイトチョコに獺祭を効かせたムース仕立て（€6）。右・レモンタルト（€5.6）

パンやケーキ、テイクアウトの寿司やサラダなどが並ぶ1階のブティック、朝食や軽めの食事がとれる2階のバーラウンジ、3階にはランチとディナーができるレストランの3フロア。レストランも好評！

MAP P167 14

🏠 184 Rue du Faubourg Saint-Honoré 75008
🚇 ⑨St-Philippe-du -Roule、ⓘGeorge V
📱 0176747474
🕐 月-金9:00-21:00（IF/ブティック）　土日休
€ クロワッサン€1.3、ケーキ€6〜
https://www.robuchon-dassai-laboutique.com

⚜ 8区・シャンゼリゼ ⚜

DASSAÏ ×
JOËL ROBUCHON

獺祭×ジョエル・ロブション

ぜひとも味わってほしい、ここでしか出会えない獺祭風味のパティスリー

　日本酒人気が高まるパリで、日本の銘酒『獺祭（だっさい）』とフランス料理界の巨匠、故ジェエル・ロブション氏がタッグを組んだ、夢のような店。ここのケーキを作っているのは、日本や香港のロブションのレストランでもパティスリーを担当していた中村忠史シェフ。「どれもほんとに美味しい！」という陳腐な表現しか見つからないほど、どれを食べても満足すること間違いなしの鉄板の美味しさだ。

　いくつかのケーキには獺祭が使われていて、すっきりした甘さのレモンタルト（5.6ユーロ）には、クリスタルに輝く獺祭風味のゼリーが。このゼリーだけでもグラスいっぱい食べたいくらいだ。

　獺祭がふわっと香るしっとりしたパウンドケーキ（23ユーロ）もみんなが大好きなので、持ち寄りのホームパーティーで被ることもしょっちゅう。1週間ほど日持ちするのでおみやげにも最適だ。チョコレートや獺祭風味のサブレもおすすめ。

La Pâtisserie du Meurice par Cédric Grolet

ラ・パティスリー・デュ・ムーリス・パー・セドリック・グロレ

世界No.1 パティシエのケーキを食す、未知なる体験!?

世界No.1パティシエに選ばれたセドリック・グロレ氏のケーキが買えると、2018年にオープンして以来、連日行列ができている。場所はグロレ氏が2011年から籍を置く5つ星ホテル『ル・ムーリス』の一角だが、ホテルに入らずに外側の通りからアクセスできる。

みんなのお目当ては、常時5種類が並ぶフルーツ形のケーキ。構造はどれもほぼ同じで、一番外側は薄いジュレの膜、その内側にその果物のフレーバーをきかせた極薄のチョコレートの殻があり、パリッとフォークを入れると、中からバニラのムースとフルーツのピュレが顔を出す。大きさは、女子の拳より一回り小さいくらい。これで17ユーロと、ほかの店でなら3個は買える値段だけれど、これを高いと思うか、経験値に見合うと思うかはその人次第! 2019年11月にオペラ通り35番地にオープンした同シェフ初のブーランジェリーにも注目。

右上・4ユーロと手頃なシュークリームはカスタードの中にベリーソース入り。
なくなったらそこで終了なので、確実にゲットするなら早めに行くのがおすすめ

MAP P167 115

🏠 6 Rue de Castiglione 75001
🚇 ①Tuileries、①⑧⑫Concorde
🕐 火-日12:00-(なくなるまで)
月休
€€ ケーキ€17
https://www.dorchestercollection.com/fr/paris/le-meurice/restaurants-bars/patisserie-meurice/

127

❀ 18区・モンマルトル ❀

Monsieur Caramel　ムッシュー・キャラメル

おとぎ話のような空間で、芸術的なパティスリーを

『ムッシュー・キャラメル』こと"キャラメルお兄さん"の正体は、韓流ドラマに出てきそうなシュッとした韓国人の男性パティシエ。もともとアーティストだった彼の作るケーキは、とっても繊細で、見た目も味も芸術品！　「モンマルトルの雲」という名前のスフレタイプのチーズケーキ（6.5ユーロ）や、王道のチョコレートタルト（6.5ユーロ）のほかに、バラとハイビスカスで香りつけしたいちごのスライスを、ハスのように飾った「ロータス・ア・ラ・フレーズ」（8ユーロ）など、どれも甘さは上品なのにフレーバーはリッチ。

店内は、オーナーお気に入りのフォトグラファーなど、アーティストたちの個展の場にもなっていて、彼のレコードコレクションからそのときのムードにあった心地よいBGMが流れている。

お茶も素敵な器で丁寧にサーブされるので、おとぎ話の世界にスリップしたような空間で非日常的なひとときを味わってみては。

営業は週末のみ。気分によっては閉めているので「開いていたらラッキー」くらいの感覚で

左・ロータス・ア・ラ・フレーズ（€8）、ホワイトピーチの冷茶、ミニマドレーヌ添え（€5）

MAP P170 116

🏠 79 Rue Duhesme 75018
🚇 ⑫Jules Joffrin
📱 0631768255
🕐 金土15:00〜20:30、日？〜19:30（店主の気分で開店）　月-木休
€ ケーキのテイクアウト€5〜（イートインの場合は+ €1.5）
　エスプレッソ €2.5、お茶各種€5
https://www.monsieurcaramel.com

ボンボンショコラは€10/100g

DIDIER FOURREAU

ディディエ・フーロー

大使館マダムが「パリNo.1」に推す、隠れ名ショコラティエ

　名前はそれほど知られていないが、各国の公館が並ぶこのエリアで、逸品を知り尽くした大使館マダムたちが、大切な方への手土産にとごひいきにするショコラティエ。チョコレートはすべて店の奥のアトリエで手作りしているので、いつもフレッシュ。1個3ユーロ前後のチョコ菓子は個包装してくれるので、おみやげにもぴったり。運良く栗の季節に当たったら、この店の看板商品、マロンクリーム入りチョコをぜひお試しあれ！

MAP P166 117

🏠 87 Rue de Courcelles,75017
🚇 ②Courcelles
📞 0147639305
🕐 月-日9:30-19:30
http://www.didierfourreau.com

PLAQ プラーク

カカオ豆の美味しさに酔う、最新ショコラティエ

　究極のグルメ路地こと「ニル通り」に2019年9月にオープンした最旬ショコラティエ。ドアを開けた瞬間ふわっとカカオが香るのは、豆からチョコレートになるまで、すべての工程を店内で行っているから。必要最低限のものだけで作る究極の純度が特徴で、ビターチョコにはカカオ豆と砂糖しか入っていない。ショコラ・ショー（ホットチョコレート）は、豆の味をぎゅっと感じるこれまでに体験したことのない味。

ココア版エスプレッソ風のショコラ・ショー（€3）。
使用する豆も日によって変わる

パッケージに書かれた原材料のみを使用

MAP P170 118

🏠 4 Rue du Nil 75002
🚇 ③Sentier
🕐 水-金11:00-19:30、土10:00-19:30、日10:00-13:30　月火休
💶 ホットチョコレート：1ショット€3、板チョコ€3.5〜
http://plaqchocolat.fr

❀ 17区・バティニョール ❀

Scoop Me a Cookie

スクープ・ミー・ア・クッキー

ハマる人続出！ 一度食べたら病みつきになる 魅惑のクッキー

全35種類と、魅力的なフレーバーがありすぎて、どれにしようか迷って決められないクッキー専門店。1個3.5ユーロはクッキーにしてはちょっと高めの値段だが、直径およそ10cm、厚みも2cm程とビッグサイズ。しかも、味も食べ応えも、もはや従来のクッキーをはるかに超えていて、食べ終わったとたん、「もう1個買ってくればよかった〜」とたちまち後悔するのだった。

この食感にたどり着くまで試行錯誤すること2年と、じっくり時間をかけたかいあって、今では人気エリアに3店舗を構えるほど。「1日1クッキー」と決めて、毎日来店する常連さんも多いそうだ。

「私と離婚して」「なんてジェントルマン！」など、女性創業者のローラさんの遊び心あるネーミングも、「一体どんなフレーバー？」と想像しながら選べて楽しい。まだ十分美味しい前日のクッキーを割引き価格で売る良心的なサービスも。

[バティニョール店] MAP▶P167 119

🏠 72 Rue Legendre 75017
🚇 ②Rome、⑬La Fourche
📞 0171729165
🕐 日〜木10:00-19:30、 金 土10:00-20:00　月休
€ クッキー €3.5〜4.8
http://www.scoopmeacookie.com/fr/
※北マレとメニルモンタンにもショップあり

「私を甘やかして〜」という名前のクッキー（€3.9）。ココアベースの生地にごろっとしたミルクチョコとキャラメリゼした大粒のピーカンナッツ入り。甘さ控えめであっという間に完食

黒ゴマを練りこんだ生地に白
ゴマペーストをトッピングし
たダブルセサミのクッキー
（€1.5）は、風味いっぱいの
あと引く美味しさ

MAP P173 120

🏠 35 Rue Popincourt 75011
🚃 ⑨Voltaire、⑤Richard Lenoir
📞 0981226858
🕐 火-土11:00-20:00、日11:00-14:00、
　 17:00-20:00　月休
💶 クッキー €1.5、パウンドケーキ
　 1スライス€2
https://la-cave-a-desserts.fr

❀ 11区・バスティーユ ❀

La Cave à Desserts
ラ・カーヴ・ア・デセール

地元民を魅了してやまない、フランス人女子による独創的スイーツ

　ソムリエの資格を持ち、なおかつケーキ作りが得意、というオーロラさんが、その両方をあわせて店にしてしまった、家族経営のワインセラー兼パティスリー。お店の前を通ると、お菓子が焼ける甘い香りが漂ってきて、ついつい引き込まれてしまう。

　クッキーやパウンドケーキがおすすめだけれど、季節のフルーツを使ったタルトなど、ケーキ類もど

れもハイクオリティ。それでいてお値段が控えめなのもうれしいところ。

　それぞれのお菓子に合ったワインもセレクトしてくれるから、お呼ばれのときに、デザートとワインの手土産がいっぺんにそろうのもとっても便利。

　一度この店の味を知った人は必ず顧客になるという、隠れ名店。

MAP P170 121

🏠 25 Rue de Lancry 75010
🚇 ⑤Jacques Bonsergent
📞 0180061411
🕐 火〜金11:00-14:00、15:30-19:30、
　土10:00-19:30　日月休
€ チーズケーキ1ピース€5
http://houseofthreebrothers.com/
fr/home/

チーズケーキ、クラシック（€5）
1カットが大きいので食べ応えも十分

❀ 10区・サンマルタン運河 ❀

HOUSE OF 3 BROTHERS

ハウス・オブ・スリー・ブラザーズ

絶妙な軽さがたまらない。ドイツ風チーズケーキの美味しさを新発見！

「チーズケーキが食べたくなったらこの店！」という個人的なおすすめ店をご紹介。ドイツ人男性が作るこの店のチーズケーキは、ベイクドとレアの中間、といった感じでアメリカ風のものより軽め。常時あるのは「クラシック」「レモンとケシの実入り」「フルーツクランブル乗せ」の3種類。チーズケーキ以外にも、秋ならいちじくなど季節のフルーツを使ったタルトや、「焼きパンナコッタ」という変わりメニューもある。

ダークグリーンを基調としたお店がシックで素敵だと思ったら、オーナーのミルコさんはもともとスタイリストなど、モード系の職業の出身。ファッションと同じくらい興味があったお菓子の世界に飛び込み、おばあちゃんのレシピを手本にしてこの店を開いた。

隣にはキャティーンもオープンして、ランチやブランチも提供している。+1ユーロで、お店で買ったチーズケーキをこちらで食べることも可能。

普通サイズとミニがあり、日本のドーナツの大きさがミニ。一番人気のホワイトオレオミニサイズ(€2.5)

MAP P170 122

❀ 9区・SOPI ❀
HUMM…DONUTS
ンー・ドーナッツ

驚きのフレーバーがいっぱいの、パリで希少なドーナツ専門店

　アメリカンなドーナツ専門店が存在していなかったパリに、2016年に登場したのがこの店。厳選した小麦粉に、バターは生産地認証つき。バニラはマダガスカル産、添加物や保存料を一切使わない、という品質にこだわり抜いたドーナツは、とにかく見た目のインパクトが大！　手がすっぽり隠れるくらいのサイズに、カラフルなアイシングやごろっとしたフルーツがトッピングされている。シンプルなシュガーグレーズドやシナモンも人気だ。作り置きはしないので、お目当てのフレーバーがあるときは、SNSでの事前オーダーが確実。イートインコーナーではできたてを味わえる。

🏠 56 Rue la Bruyère 75009
🚇 ②Blanche、⑫Saint-Georges、⑬Liège
📞 0769757849
🕐 月-金9:00-18:00、土9:30-日10:00-(毎日ドーナツが売り切れたら閉店)
€ ミニ€2.5、クラシック€3.1、ウルトラ€4.5
https://donuts.paris/home

❀ 9区・ポワソニエール ❀
GLACIER 1891
グラシエール 1891

珍しいフレーバーに出会える、アイスクリーム専門店

　店内で毎日手作りしているアイスクリームは常時16種類。デーツ＆オレンジフラワー、アボカドのソルベなど、ちょっとほかの店にはないフレーバーで、どれもクリーミーなのにさっぱり。思わず全種類制覇したくなる。カップとコーン以外に日本から取り寄せているモナカ皮もあって、抹茶アイスで和風モナカアイスもできる。2階のサロン風イートインスペースが素敵。

MAP P170 123

🏠 59 Rue du Faubourg Poissonnière 75009
🚇 ⑦Poissonnière / Cadet
📞 0140790181
🕐 日月11:30-19:00、火-木11:30-22:00、金土11:30-0:00
€ アイス(カップまたはコーン)1スクープ€4、2スクープ€5.5、3スクープ€7(モナカは+€1)、サンドイッチ€6.5～、サラダ€7～
https://www.glacier1891.com

抹茶アイス＆ホワイトコーヒーのモナカサンド(€6.5)

✤ 1区・モントルグイユ ✤

CHACUN ses GOÛTS

シャカン・セ・グー

自分好みにカスタマイズできる、楽しくって美味しいフローズンヨーグルト店

「みんなそれぞれ好きな味があるんだもーん」という名前のフローズンヨーグルト専門店。乳脂肪0%のベースは、プレーンか今日のフレーバーから選び（ダブルもOK）、お好みでフレッシュフルーツやクッキー、ナッツなどのトッピングを盛り付けたら、最後に重さに応じて支払いをする。

　砕いたチョコブラウニーやゴマなどのパラパラまぶす系のトッピングは、軽量なのに味のアクセントとしてかなり良い仕事をしてくれるのでぜひとも加えたい。深夜0時まで開いているので、飲んだ後のシメにも。

この日のフレーバーはいちご＆ゆず。ゆずの風味が自然で爽やか。これでだいたい6ユーロ

MAP P170 124

🏠 20 Rue Montorgueil 75001
🚇 ①④⑦⑪⑭ RERⒶⒷⒹ Châtelet / Les Halles
📞 0981225727
🕐 月-日13:00-0:00
€ 量り売り100g /€3
https://www.chacun-ses-gouts.com

MAP P170 125

🏠 58 Rue Rambuteau 75003
🚇 ①Rambuteau
📞 0952797300
🕐 月-日12:00-22:30（日曜のみ22:00に閉店）
€ Sサイズ€3.9、Mサイズ€4.6、Lサイズ€5.4、ピスタチオのトッピング+ €2.5
https://bachir.fr/fr

右・店イチオシのAchta（アシュタ）。これでSサイズ

✤ 3区・レ・アル ✤

GLACE BACHIR

グラース・バシール

今、パリで一番話題のレバノン発アイスクリーム

　地中海フードが大流行中のパリに上陸した、1936年創業のレバノンのアイスクリーム店。100%オーガニックの素材を使用していて生クリームも卵も使っていない。

　看板商品は、オレンジの花で香り付けしたミルク味のアイスにピスタチオをまぶす「GLACE

ACHTA（グラース・アシュタ）」（6.4ユーロ）。そのほかいちご、コーヒーなど常時10種類のアイスを用意。どのサイズも味は何種類でも選べるし、ピスタチオのトッピングも追加可能。ホイップは無料サービスだ。ピスタチオがぽろぽろこぼれるので、食べやすさ重視ならカップがおすすめ。

Chapter
9

食べずに帰れない
愛しのパンたち

Oh la la
J'adore le pain!!

引っ越ししたらまず近所のパン屋を片っ端から食べ歩く、というこだわり派もいれば、「家から一番近いから」というだけの人もいるが、だいたいみんな、いつもパンを買う"マイ・ブーランジェリー"は決まっている。夕食用のパンを買うのは仕事帰りのお父さんのお役目で、スーツ姿のムッシュがアタッシュケースと一緒にバゲットを抱えている姿はなんだかほっこりする。

バゲットを縦に切ってバターとジャムを塗った「タルティーヌ」は、フランスの定番朝ごはん。クロワッサンやパン・オ・ショコラなど、甘い系の「ヴィエノワズリー」は、ゆっくりできる休日のブランチ向けだ。

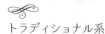

鴨のキャラクターがついた店
のオリジナルグッズもある

❀ 5区・カルチェラタン ❀

LE BOULANGER DE LA TOUR

ル・ブーランジェ・ドゥ・ラ・トゥール

フランス料理の超有名レストランのパンを味わう

　パリでパン屋巡りをしたいけれど、時間があまりない
というとき、1軒だけ行くならぜひここへ、とおすすめし
たい店。

　世界中にその名を轟かせるフランス料理の名店『ラ・
トゥール・ダルジャン』のパン部門で、このレストランで
出されているパンを買うことができる。レストランは1
皿1万円はくだらない超高級店だけれど、こちらは街のパ
ン屋価格なのもありがたく、それでいて店内の工房で焼
かれたパンの味は極上。バゲットは硬すぎず、ちょうど
よい香ばしさともちもち加減で、何もつけなくても1本ペ
ロッと食べられてしまう。

　クロワッサンなどのヴィエノワズリーは、こぼれたか
けらからもふんわり甘い香りが立ちのぼるほどリッチな
風味。上質の粉とバターを使用している証だ。

　1個0.9ユーロとなんとも良心的なお値段のマドレーヌ
も、脂っこさがまったくなく甘さも上品。週末だけ登場
するアルザス菓子のクグロフ(3ユーロ)は、これ目当てに
くる人がいる人気商品。おみやげに重宝する焼き菓子の
詰め合わせもいろいろそろっている。

MAP P172 126

🏠 2 Rue du Cardinal
　Lemoine 75005
🚇 ⑦Pont Marie、
　⑩Maubert – Mutualité
📞 0143546253
🕐 月～金7:00-20:00、土日祝
　8:00-20:00
€ バゲット€1.3、クロワッサ
　ン€1.3、マドレーヌ€0.9
https://tourdargent.com/le-
boulanger/

┌─ ここも ─┐
│ CHECK │

La Tour d'Argent

ラ・トゥール・ダルジャン

創業1582年。代々の王族もひいき
にしたフランス料理の最高級レス
トラン。鴨料理が有名。

MAP P172 C

🏠 15 quai de la Tournelle 75005
📞 0143542331

Boris Lumé ボリス・リュメ

モンマルトルのマロニエ並木で、フランス風の抹茶あんぱんはいかが?

マロニエ並木が美しいモンマルトルのコーリャンクール通りにあるかわいらしいブーランジェリー。毎日のバゲットを買う地元民や、散策の途中に立ち寄る観光客でいつもにぎわっている。

クロワッサンや、具がいっぱいのサンドイッチなどの定番商品も美味しいけれど、この店オリジナルの超人気商品は、「抹茶あんぱん」。

店主ボリスさんの奥様が日本人ということもあって、まだパリで抹茶のお菓子が珍しかったころからこの店では抹茶味のケーキを出していて、

抹茶が練りこまれたソフトフランスパンにつぶあんがぎっしり入ったこのあんぱんも大好評。午前中に売れ切れてしまうことが多い。

ひと口噛むと飛び出してくるくらいクリームたっぷりのミニシュークリーム(チョコ、バニラ、抹茶)も買わずには帰れない魅惑の一品。ケーキは、細長い楕円形の見た目も美しいと評判だ。

3席ほどのイートインスペースもあるが、コーリャンクール通り沿いのベンチでピクニックするのが気持ちいい。

MAP P170 127

🏠 48 Rue Caulaincourt 75018
🚇 ⑫Lamarck-Caulaincourt / Abbesse
🕐 水~土7:45-20:00、
　 日7:45-19:00　月火休
€ あんぱん€2、ミニシュークリーム€1.5
https://www.facebook.com/borislapatisserie/

映画『アメリ』のカフェの斜め向かいに2号店もオープン

MAP P173 128

🏠 7 Rue Antoine Vollon 75012
🚇 ⑧Ledru-Rollin
📞 0143407773
🕐 火〜土7:00-19:30、　日7:00-
13:30　月休
€ クロワッサン€1.2、パン・
オ・ショコラ€1.3

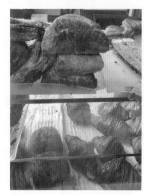

小さい公園に面した店の前のテーブル
で、天気がいい日に緑を眺めながら朝
食をとるのも気持ちがいい

�֍ 12区・バスティーユ �֍

blé sucré
ブレ・シュクレ

夕方には売り切れる、大人気のヴィエノワズリー

口コミやメディアで評判が広まった超人気店。売れ筋はヴィエノワズリー系。チョコとパンのバランスが抜群の「パン・オ・ショコラ」や「クロワッサン」は、夕方には売り切れる。

有名雑誌で「パリNo.1」に選ばれたマドレーヌも看板商品。普通サイズのほか、15個分はあろうかというジャンボマドレーヌ(15ユーロ)は、大味かと思いきや、バターの風味が爽やかな繊細な味。

La Tarte au
Citron
Pâte sucrée avec crème citron
3.30 €

La Tarte aux
Fraises
Pâte sucrée, crème pâtissière
et fraises fraiches
3.90 €

MAP P173 129

🏠 121 Rue de la Roquette, 75011
🚇 ⑨Voltaire
📞 0143791211　🕐 火〜土7:30-
20:00、日8:00-14:00　月休
€ クロワッサン€1.15、フルー
ト・ガナ(バゲット) €1.3
http://www.gana.fr
※パリ市内に他に2店舗あり

バゲットは新鮮さが命！1本は食べき
れない、というときは、「ドゥミ(demi)」
とお願いすると半分にしてもらえる

✤ 11区・バスティーユ ✤

BOULANGERIE GANA
ブーランジェリー・ガナ

門外不出のレシピで作った、「これぞ王道！」のバゲット

MOF(国家最優秀職人賞)を持つベルナール・ガナショー氏が編み出した、木炭で焼き上げる秘伝のバゲット「フルート・ガナ」。そのレシピは今でも門外不出とされている。まわりはカリッと香ばしくてちょっぴり塩気があり、中はふんわり。も

ちもちしすぎていない。きっと誰が食べても「美味しい！」と感じる王道のバゲットだ。
生ケーキを売るブーランジェリーは多いけれど、ここは焼き菓子一本。回転がいいから、いつ行っても何かしら焼きたてのものが並んでいる。

Utopie ユートピー

フランスのベスト・ブーランジェリーに選ばれた下町の人気店

パン職人のエルワンと、日本にも支店がある老舗パティスリー『ラデュレ』のパティシエだったセバスティアンの男性2人が2014年にオベルカンフ地区にオープンしたこの店は、パン屋激選区にあって行列の絶えない人気店。

キャラメリゼしたかぼちゃの種をまぶしたパンや、ゴマ味エクレアなど、いつも新しい味にチャレンジしているのも魅力。パン屋さんは忙しいせいか愛想のない店員さんが多いけれど、ここのスタッフはどんなに行列していても丁寧に笑顔で接してくれるから、じっくり選べる。

人気商品のいちごとバジルのケーキ（€5.5）は、箱を開けた瞬間、バジルの爽やかな香り

MAP P171 130

🏠 20 Rue Jean Pierre Timbaud 75011
🚇 ⑤⑨Oberkampf、③Parmentier
📞 0982507448
🕐 火-日7:00-20:00　月休
💶 トラディション（バゲット）€1.15、
　パン・オ・ショコラ€1.3、フラン€2.8
https://www.facebook.com/Boulangerie-Utopie-847556035308522/

PANIFICA パニフィカ

MAP P170 131

🏠 15 Av. Trudaine 75009
🚇 ②Anvers、②⑫Pigalle
📞 0153209118
🕐 月-金7:30-19:30　土日休
💶 クロワッサン€1.2、全粒粉のパン€3.8
https://www.facebook.com/PanificaParis

焼きたてのオーガニックパンで朝食を

この店では、バゲットもヴィエノワズリーもケーキ類も、すべてオーガニックの粉を使い、種類によってマイルドな天然酵母か、酸味の強い酵母を使い分けるという、パン作りにおける古来からの製法で焼き上げている。

広々とした店内にはイートインスペースもあってドリンクもオーダーできるから、焼きたてパンで朝食をとるのにもぴったり。

グルメ通りことMartyrs（マルティル）通りからも近い

店内と店先のテラスでイートインもできる

❀ 6区・モンパルナス ❀

L'étoile du berger
レトワール・デュ・ベルジェー

美味しいハードパンをあれこれ食べてみたいなら

　郊外の高級住宅街に住むセレブたちに愛されていた名店が、2018年、満を持してパリ市内にオープン。この店のバゲットやハードブレッドは、オーガニックの小麦粉と、天然酵母のルヴァン種を使っているから、噛めば噛むほど味わいが増してくるのが特徴。レーズンやくるみ入り、砂糖漬けのアプリコットを混ぜ込んだ「王様のパン」(13.5ユーロ/kg)など、どれも好みでスライスしてくれるので、あれこれ食べ比べてみては？

MAP〉P169 132

🏠 54 Rue Saint-Placide 75006
🚇 ④Saint-Placide
📞 0980728479
🕐 月〜土10:00-19:00、
　日8:30-15:00
€ パン・デュ・ベルジェー
　(€6.3/kg)、サンドイッチ
　€4.2〜
https://www.letoileduberger.fr

❀ 10区・サンマルタン運河 ❀

LIBERTÉ　リベルテ

名物トラディション・ショコラを片手に、
サンマルタン界隈を散歩

　東京と京都にも支店があるブーランジェリーのパリ本店は、個性的なショップが集まるサンマルタン運河の近くにあって、通りがかりの人たちが気軽に立ち寄る、典型的な「街のパン屋さん」。そしてここに行くと必ず買って帰るのが、「トラディション・ショコラ」(1.3ユーロ)。小腹が空いていて、「甘い菓子パンじゃないけど、惣菜パンの気分でもない」というときに、食感はバゲット風だけれどカカオの苦味とチョコレートの微かな甘さが混ざり合ったこのパンがちょうど良いのだ。ぶらぶら散歩するのにうってつけの界隈なので、食べながら歩こう。

MAP〉P170 133

🏠 39 Rue des Vinaigriers 75010
🚇 ⑤Jacques Bonsergent
📞 0142055176
🕐 月〜金7:30-20:00、土8:30-20:00　日休
https://libertepatisserieboulangerie.com

上・トラディション・ショコラ
(€1.3)。近くのサンマルタン運
河沿いは、天気がいい日にパ
リジャンがピクニックする定
番スポット

Croissant
Chocolat Praliné

Croissant Cacao, insert
praliné maison

甘酸っぱいラズベリージャムが練り込まれたクロワッサン・フランボワーズ（€1.8）は見た目もキュート！

❧ 2区・モントルグイユ ❧

BO & MIE　ボー・エ・ミー

オリジナルなおやつ系がいっぱいの
ベーカリーカフェ

　パリ最古のグルメ通り、モントルグイユのすぐそばに2017年にオープンした、流行りのカフェスタイルのブーランジェリー。

　チョコやラズベリーを巻き込んだクロワッサンや、クッキー、マドレーヌなどのおやつ系など、オリジナルな商品が多いのが特徴で、フランス人女子と歩いているときにこの店の近くを通ると決まって「寄ってもいい？」と言われる。昔からある典型的なパン屋で育った彼らには、ワクワクものらしいのだ。

　開放感のある店内ではWi-Fiも使えるので、パンをかじりながらゆっくりできる、パリの中心地ではありがたいスペース。

　日曜限定のブランチ（22.9ユーロ）は、キッシュやおかず系クレープに、フルーツサラダ、ジュース、ホットドリンク、そしてお店の人気ヴィエノワズリーが食べ放題！　なのでパン好きの人気スポットになっている。

開放感があって入りやすい店内

MAP P170 134

🏠 18 Rue de Turbigo 75002
🚇 ④Étienne Marcel
📞 0980537953
🕐 火-土7:30-20:00、日8:00-16:00　月休
€ クロワッサン€1.2、フラン€2.9、日曜のブランチ€22.9（オンラインで予約可/ 10:00-15:00）
https://www.boetmie.com
※同じ2区内に2店舗目もオープンした

MAP P171 135

- 61 Rue Oberkampf 75011
- ③Parmentier
- 月〜水、金7:30-20:30、土日 8:30:20:00　木休
- シナモンロール€2.5、お昼のサンドイッチとドリンクのセット€9.8、デザート付きで€11.8

大ぶりのシナモンロールは生地がやわらか(€2.5)

❀ 11区・オベルカンフ ❀

The French Bastards
ザ・フレンチ・バスターズ

雰囲気はHip、だけど製法にはこだわり抜いた、旬なブーランジェリー

2019年1月にオープン。「フランスのクソ野郎ども」という店名のわりに、オーガニックの小麦粉に天然酵母、サンドイッチに使う食材もAOP（原産地保証）のバターや最高級のハム、マヨネーズも手作りと、仕事は生真面目。パリではあまり見かけないシナモンロール(2.5ユーロ)や、ポーランド風ブリオッシュのバブカ(17ユーロ/kg)など、チョイスも豊富で楽しい。

MAP P171 136

- 150 Rue de Ménilmontant 75020
- ③bis Pelleport、⑪Télégraphe
- 0146361382
- 水〜金7:30-20:00、　土8:00-20:00、日8:00-18:00、ブランチは土日の10:30-15:00　月火休
- ブランチ€29、クロワッサン€1.2、ケーキ€3.5〜5
http://benoitcastel.com
※オベルカンフにも支店あり

❀ 20区・メニルモンタン ❀

BENOÎT CASTEL
ブノワ・カステル

パリの高台で、パン食べ放題ブランチ

グルメ系のサイトや雑誌で「パリのNo.1ブランチ」にたびたび名前が挙がる人気のブーランジェリー。オーナーのカステル氏のこだわりは、パン本来の美味しさを叶えるオーガニックの古代麦と、長時間発酵。食べ放題のブランチでは、そんなシェフの思いが詰まったパンが好きなだけ食べられるから、パリ中からパン愛好家がやってくる。サラダやキッシュなどのおかず系やデザートもあり、時間は無制限。

大きなガラス窓のある店内は居心地も良いので、ブランチの時間を外せば、ゆったりとお茶タイムが楽しめる。

上・定番のいちごケーキ「フレジエ」も独創的

左・甘み控えめで周りがサクサク、中しっとりのスコーン（€2）

TEN BELLES BREAD

テン・ベルズ・ブレッド

ワーカーたちに混ざって、日常的なコーヒーブレイクを

サンマルタン運河沿いにある人気のサードウェーブ・コーヒー店『Ten Belles』のパン部門が独立。スコーンやショートブレッドといった"ザ・ブリティッシュ"なアイテムが並ぶのは、パン職人がイギリス人女性だから。

この辺りで働く人たちの休憩スペースにもなっていて、日常的でどローカルな風景を見るのも面白い。天然発酵のパンを使ったサンドイッチも大好評。

MAP P173 137

🏠 17/19 bis Rue Bréguet 75011
🚇 ⑤Bréguet-Sabin
☎ 0147000819
🕐 月-金8:30-20:00、土 日9:00-18:00
💶 スコーン€2、フィルターコーヒー€3.5

CIRCUS

サーカス

製法を極め尽くした 焼きたてシナモンバン

カルチェラタンにある小道から、なんともいえないシナモンの良い香りが漂ってくる。歩いている人たちがみんな手にしているのは、この店のシナモンバンだ。

天然酵母のルヴァン（発酵種）を使った生地が美味しさの決め手で、表面は香ばしく、中はふんわりでほんのりとした甘さ。30分に一回焼き上げているから、いつも焼きたてにありつける。セーヌ川はすぐそばなので、まだ温かいシナモンバンをかじりながら、河岸を散歩するのが楽しい。

シナモンの香りがふんわりのシナモンバン（€6）

MAP P172 138

🏠 63 Rue Galande 75005
🚇 ⑩Cluny La Sorbonne、④RERⒷⒸSaint-Michel
🕐 月-日7:00-20:00
💶 シナモンバン€6、チョコパン€4

パリに来たら食べたい！厳選クロワッサン

「パリに来たら、焼きたての美味しいクロワッサンが食べたい！」というパン好きさんにおすすめしたいクロワッサンを厳選してご紹介！

DES GÂTEAUX ET DU PAIN
デ・ガトー・エ・デュ・パン
クロワッサン／ €1.3

パリ在住の日本人の間でダントツ人気。バターの甘さが口に広がる洋菓子風のクロワッサン。

🏠 63 Bd. Pasteur 75015

CYRIL LIGNAC
シリル・リニャック
クロワッサン／ €1.2

デニッシュ生地でできたロールパン風。しつこさがまったくなくて、毎日でも食べたくなる味。

🏠 24 Rue Paul Bert 75011

DASSAÏ x JOËL ROBUCHON
獺祭ロブション
クロワッサン／ €1.1

黄金の焼き色、形、香りと、すべてのバランスがパーフェクト！ 生地の美味しさもうっとりするほど。

🏠 184 Rue du Faubourg Saint-Honoré 75008

Lenôtre
ルノートル
クロワッサン／ €1.6

フランスに昔からある有名洋菓子店だけあり、バターの風味がリッチで、まるで貴族のお菓子のよう。

🏠 36 Av. de la Motte-Picquet 75007

blé sucré
ブレ・シュクレ
クロワッサン／ €1.2

表面がキャラメリゼしてあって、外はパリパリ、中はふわふわ。こぼれたかけらまで残さず食べたくなる。

🏠 7 Rue Antoine Vollon 75012

PANIFICA
パニフィカ
クロワッサン／ €1.2

サクサクしたパイ菓子のような、ちょっとほかの店にはないオリジナルな食感。脂っぽくない軽いタイプ。

🏠 15 Av. Trudaine 75009

Chapter
10

フランス人のソウルフード、
サンドイッチ

Le sandwich,
la classique

　パン屋に行くと、色とりどりの具材が挟まったバゲットサンドに目移りするけれど、フランス人が一番好きなのは、「ジャンボン・ブール」。ハムとバターだけのシンプルなサンドイッチなんだそうだ。「いろいろ食べるけど、この味がやっぱり落ち着くわ〜」という、いわば日本人にとっての梅干しのおにぎりのような存在。

　ただ、具材がシンプルなだけに、美味しさはクオリティーが勝負。こんなにいろいろな食べ物が氾濫した今でも、フード系雑誌やグルメサイトでは毎年、「パリで一番美味しいジャンボン・ブール特集」が組まれる。バゲットサンドは、フランス人にとっての「ソウルフード」だ。

バゲットサンド

LAZARE ラザール

クラシックなブラッスリーで味わう
3つ星シェフのバゲットサンド

　フランス人が一番好きなバゲットサンドは、ハムとバターだけを挟んだ「ジャンボン・ブール」。シンプルなだけに美味しさを極めるのが難しいが、フランスの名だたる3つ星レストランでトップシェフを歴任したエリック・フレション氏が、2013年にオープンしたこのブラッスリーでは、国家最優秀職人章を冠するシェフが、パンの配合からバターの種類、ハムの厚さ、量まで、バランスを考え抜いて完成させた、究極の「ジャンボン・ブール」が味わえる。

　ボルディエ社のドゥミセル（有塩）バターのミルキーさと、麦の美味しさがダイレクトに伝わる固めのバゲット、はみ出るほど挟まれた最高級ハム「プランス・デ・パリ」のハーモニーはさすがに絶品。ここのバゲットはかなりハードなので、食べ応えも十分だ。

MAP P167 139

🏠 Gare Saint-Lazare、Rue Intérieure 75008
🚇 ③⑫⑬⑭Saint-Lazare
📞 0144908080
🕐 月-土7:30-0:00、日11:45-0:00
€ ジャンボン・ブール€8、ランチの日替わり
　 メイン€20
http://lazare-paris.fr

サン・ラザール駅の構内からと、外側からもアクセスできる

ハムと玉子マヨネーズの鉄板コンビ（€5.5）。レタス系は「サラダ」と言えば通じる

メニューにある「casse-croûte（カス・クルート）」はサンドイッチの別称

MAP P173 140

🏠 85 Rue de la Roquette 75011
🚇 ⑨Voltaire、①⑤⑧Bastille
📞 0143719075
🕐 月-金11:00-19:00　土日休
€ サンドイッチ€5~8.5（クレジットカードは€10から）

🍁 11区・バスティーユ

CheZaline
シェザリーヌ

「やっぱりここが一番！」というファン多数。具材が豊富なサンドイッチ専門店

「パリで美味しいバゲットサンド特集」があると、例外なく名前が挙がるサンドイッチ専門店。バゲットサンドは、パン屋で作り置きしたものを買うのが一般的だけれど、ここはその場で作ってくれるからフレッシュだし、具材も豊富。ハムも最高級品を使うなど、クオリティーも高い。

基本はバゲットかゴマのついた丸いパンかを選び、サンドする具材をチョイスする仕組みだ。ハムだけなら5ユーロ。チーズをプラスするなど、具材が2種類だと5.5ユーロ。黒板には、「蒸しチキンと野菜のマリネ＆タブナード（オリーブのペースト）」といったそそられるメニューが並ぶが、気になる具材を指差せば、お姉さんが手際よく挟んでくれる。

サンドイッチ以外の日替わり料理や、サラダ系だけをテイクアウトをしている女子も多い。

147

上・サバサンド(€7.9)
サンドイッチのほかにハムの盛り合わせなどもオーダーできる。小さいが、店内にイートインスペースあり

ここも
CHECK

『Le Verre Vole』のビストロ＆ワイン店。ワイン販売部門は毎日9時半〜24時まで営業。

［ビストロ＆カーヴ］ MAP P171 C

🏠 67 Rue de Lancry 75010
☎ 0148031734

MAP P171 141

🏠 54 Rue de la Folie Méricourt
🚇 ⑤⑨Oberkampf、③Parmentier
☎ 0148053655
🕐 月〜土10:30-20:00（サンドイッチは12:00-16:00）
日休
💶 サンドイッチ€7.9、サンドイッチ＋デザート＋ドリンクのランチセット€12.9（カードは€10から）
https://www.leverrevole.fr

╫ 11区・オベルカンフ ╫

L'épicerie le Verre Volé

レピスリー・ル・ヴェール・ヴォレ

ワインのつまみにぴったり！な、ワインビストロのサンドイッチ

　美味しい一品料理をつまみながら、ワインを楽しむ居酒屋スタイルのワインビストロは今やパリの定番とさえいえるが、その走りがサンマルタン運河近くの名店『Le Verre Volé』だ。

　そのカリスマ店が2012年にオープンした、チーズやハム、サラミなど、ワインの美味しいお供を集めたエピスリー（食料品店）がこちら。

　この店では毎日、日替わりでバゲットサンドを提供していて、ローストポーク＆マスタードや、グリル野菜とトマトのベジタリアンなど、具材のコンビネーションがどれも秀逸。中でもイチオシはサバサンド！　ほぐしたサバのオイル漬けに、フヌイユ（ウイキョウ）と玉ねぎのスライス、ディルのアクセントが効いて、これはもはや酒の肴。キンキンに冷えた白ワインと一緒に食べたいおつまみ系サンドイッチだ。

Chez Alain Miam Miam

シェ・アラン・ミャム・ミャム

みんなを笑顔にする、陽気なアランさんの超デラックスなサンドイッチ

156ページで紹介している常設マルシェ『アンファン・ルージュ』で行列の絶えない、アランさんのサンドイッチ屋さんが、2018年、マルシェのすぐ脇の通りに待望の2号店をオープン。こちらも超人気で、週末の昼どきなら30~40分待ちは覚悟が必要だ。それでも誰もが満面の笑顔で店から出てくる。どんなに列が長くても、この店ではアランさんや息子さんが、一人一人のお客さんにきちんと時間をかけて接客してくれるのだ。

2005年の創業以来、変わらないアランさんのレシピは、もっちりしたパンにたっぷりのオリーブオイル、オーガニックの生野菜（マッシュルーム、トマト、玉ねぎ、アボカド、レタス）、炒めたオニオン、ハム類、チーズから、好きなものを挟んでもらう。野菜は、嫌いなものがなければ「全部入り」で。2種類あるチーズは、迷ったら味見もさせてくれる。これでもか、というくらいに具材を挟んだ後は、「温める？　ホットも美味しいよ！」と聞いてくれる。たしかにホットも美味しいのだが、せっかくの山盛りチーズがもれなく溶けて包み紙の油染みと化すので、チーズをしっかり味わいたい人にはそのままがおすすめだ。

手に取るとずっしり重いサンドイッチは軽く2食分はあるので、若い男子でも「2人で1個シェアで」とオーダーしている

MAP P170 142

🏠 26 Rue Charlot 75003
🚇 ⑧Filles du Calvaire
📞 0986172800
🕐 火-日9:00-17:00　月休
€ サンドイッチ€9.5

✤ 18区・モンマルトル ✤

le RUISSEAU ル・ルイソー

チーズ好きにはたまらない、フランス産チーズにこだわったグルメバーガー

フランス人はもともと肉料理が大好き！ ときたら流行らないわけがないのがグルメバーガー。数年前に爆発的にブレイクして以降、人気は継続している。加えてフランスには美味しいパンがあり、チーズの名産地でもある。つまりは、グルメなバーガーを作る要素がそろっているということだ。

グルメバーガー・ファンには、みんなそれぞれ好みの店があるが、この店は特にチーズ好きに人気がある。チェダー、ブルーチーズ、ヤギチーズな

ど、チーズバーガーだけでも何種類ものチョイスが。バンズは自家製。ブランド牛のリムーザン種の肉は特約農家から仕入れ、フライドポテトは2度揚げしているから外はカリカリ、中はホクホクだ。

おすすめは、メニューの中から好きな2種類が選べる15ユーロのミニバーガーセット。ミニといっても、日本のバーガーの1個分くらいのサイズがあるからシェアもできる。

ポンピドーセンターの近くにも、テイクアウトがメインのショップができた。

MAP〉P170 143

🏠 65 Rue de Ruisseau 75018
🚇 ⑫Jules Joffrin、④Porte de Clignancourt
📞 0142233123
🕐 月〜金12:00-15:00、19:00-23:00（月は夜のみ）、土12:00-15:30、19:30-23:00、 日12:00-16:00、19:00-22:00
€ バーガー €12~15（サラダとポテトフライ付き）
http://www.leruisseauburger.com

左・ミニバーガーセット(€15)。シードル風味のトムチーズとキャラメリゼしたオニオンが入ったトムチーズのバーガーと、スパイシーBBQバーガー

Blend ブレンド

世界的な精肉のプロが"ブレンド"した、特製パティ

　フランス料理を食べているような"料理感"があるのが、この店のバーガー。パティの肉は、精肉のプロ、イヴ＝マリー・ル・ブードネック氏監修のもと、いろいろな部位の塊肉をもっとも美味しくなる配合でブレンド（店名に由来）。チーズは品質の高さを保証するAOP認証付き。パンは、国家最優秀職人章のパン職人がこのバーガーのために考案したものだ。サイドは、さつまいものフライにガーリックマヨ添えが鉄板。

一番人気のシグネチャーバーガー（€11.9）。あめ色に炒めたオニオンとほうれん草入り

MAP P173 144

🏠 15 Rue de Charonne 75011（※現在パリ市内に7店舗あり）
🚇 ⑧Ledru-Rollin、①⑤⑧Bastille
📞 0148071078
🕐 月-日12:00-23:00
€€ ハンバーガー €9.9~、サイドとドリンクのセットは+€5
https://blendhamburger.com

チキンのバインミー
（€2.8）

Panda Belleville

パンダ・ベルヴィル

バゲットとの相性バツグン。香ばしいグリル肉と甘酢野菜のベトナム風サンド

　かつてフランスの植民地だったベトナムでは、バゲットを使ったサンドイッチ、バインミーが食べられるようになった。その後、ベトナムからの移民によってフランスに逆輸入され、いまやフランス人にも馴染みの味に。そして「バインミーといえばパンダ」というのがみんなの合言葉。
　軽めに焼き上げたパンに、キュウリ、ニンジンと大根の甘酢漬けをたっぷり、そこに串焼き肉やグリルした豆腐など、好みの具材を挟んでくれる。食感の軽いパン生地に野菜の甘酢と肉汁が染み込んで、外はカリカリだけど中はしっとりジューシー。「辛いソースは？」と聞かれて「イエス」と答えるととんでもなく辛かったりするので要注意だ。仕上げのパクチーは、苦手なら入れないようお願いしよう。

MAP P171 145

🏠 16 Rue Louis Bonnet 75011
🚇 ②⑪Belleville
📞 0143382574
🕐 水-月10:00-21:30　火休
€ バインミー（ベトナム風サンドイッチ）ハーフサイズ€2.8~4.2

❀ 18区・モンマルトル ❀

Bululu ブルル

ちょっぴり焼きおにぎり風？　エキゾチックな
ベネズエラ風サンドイッチにトライ！

　7年前のオープン以来、口コミで人気が広がり、メトロを乗り継いで足を運ぶ熱狂的なファンもいる「アレパ」の専門店。アレパとは、とうもろこし粉に水と塩をほんのすこし加えて焼き上げたパンを使った、ベネズエラのサンドイッチだ。ほろほろに煮込んだビーフにチーズ、ブラックビーンズという中南米フードの鉄板トリオに、グリルした調理用バナナのプランテンをプラスして、ほのかな甘みがミックスされるのがベネズエラ風。

MAP P170 146

🏠 20 Rue de la Fontaine du But 75018
🚇 ⑫Lamarck-Caulaincourt
📞 0142549625
🕐 月〜金12:00-23:00、土日11:00-23:00
€ アレパ（ベネズエラ風サンドイッチ）€8
https://www.facebook.com/bululuarepera

右上・手に持った瞬間ずっしり重くてボリューム満点。ビーフのアレパ（€8）

❀ 4区・マレ ❀

CHEZ HANNA
シェ・ハンナ

野菜たっぷりでヘルシー志向。
ファラフェル激戦区で人気急上昇中の店

　ひよこ豆のコロッケをはさんだ中東のサンドイッチ、ファラフェルの専門店を出す店が軒を並べる、マレ地区のロジエ通り。二大ライバルは、向かい合って立つ『L'AS DU FALLAFEL』と『mi-va-mi』だが、ここ最近、この2強に負けない勢いなのが、30年前にイスラエルから単身フランスに渡ってきたハンナさんがフランス人のご主人と始めたこの店。他店より野菜の量が多くて、ヘルシー感があるのが人気の秘密。

MAP P172 147

🏠 54 Rue des Rosiers 75004
🚇 ①Saint-Paul
📞 0142747499
🕐 火〜日11:30-0:00　　月休
€ ファラフェル（テイクアウト）€6〜
http://chez-hanna-restaurant.fr/ja

上・基本のファラフェル（€6）

楽しみ方自由形

Manger comme vous voulez

━━━━━━━◇◇◇◇━━━━━━━

　朝のマルシェは、人々の生活感をのぞける場所だ。パリ市内では、どこの界隈にも、徒歩で歩ける範囲にひとつはマルシェが立つストリートがある。だいたい火・木・土など、週に2、3回。野菜やフルーツを売っている店を眺めていると、「ああそろそろイチジクが出てくるころか」など、季節を感じられるのも楽しい。

　仲良く連れ添って買い物をしている老夫婦や、パパが子どもの手を引いて、「今週のママンのお花はどれにしようか？」と花を求めている姿も微笑ましい。

　でも、買い物に夢中な人のバッグを狙う悪い人もいるので要注意。それから、野菜や果物は、「自由にどうぞ」という店以外は勝手に触らないのがルールだ。

🏠 5 Parvis Alan Turing 75013

🚇 ⑥Chevaleret

🕐 月・火12:00-14:30、水(フード)12:00-
14:30/19:00-22:30、(バー)12:00-15:00/18:00-
23:30、木・金(フード)12:00-14:30/19:00-
23:00、(バー)12:00-15:00/18:00-0:45、土(フー
ド)12:00-23:00、(バー)12:00-0:45、日(フー
ド)12:00-22:30、(バー)12:00-23:30

€ ピザ€8~、パスタ€12~、ビール€3.5~、グラス
ワイン€5~
https://www.lafelicita.fr

❀ 13区・ベルシー ❀

la Felicità ラ・フェリチータ

いるだけで楽しくなる、テーマパークみたいな イタリアン・フードコート

パリにイタリアンブームを巻き起こした仕掛け
人、『Big Mamma』グループが手がける100％イタ
リアンの巨大なフードコート。ここでは店員さん
も全員イタリア人だ。

一歩足を踏み入れたとたん、小躍りしたくなる
ようなポップで楽しい店内には、大衆食堂風のト
ラットリアやカフェエリア、バーガースタンド、
ドリンクバー、デザート系など、各種スタンドが。

どこもカウンターでオーダーして受け取るセルフ
式。一番人気は、テラスにある石窯で焼いたナポ
リ風ピザで、いつも長蛇の列ができている。

公式アプリからオーダーできるから、まずは席
を確保してから、ゆっくりアプリでオーダーする
のが便利。

陽気な雰囲気がいっぱいで、楽しさ満点のフー
ドコートだ。

左上・一番人気のマルゲリータ
(€8)
ポップなインテリアでいるだけで
ウキウキする

La REcyclerie
ラ・リサイクルリー

旧駅舎を利用した、エコマインド溢れるおしゃれスポット

　のみの市で有名なクリニャンクールにある、かつての駅舎を改造したフードコート。ハーブのような食用植物を栽培したり、鶏卵用のニワトリを飼育したり、店内で出たゴミはコンポストで自己処理するなど、いたるところにエコ感がいっぱい。店内は60'sのインテリア。中庭に出ると菜園があり、さらに階段を下ると旧線路脇に秘密のくつろぎスペースがあったりして、いろいろ違った雰囲気が楽しめるから、敷地内を探検するのも面白い。

　心地よいボサノバをバックにラテを楽しむのも至福のひととき。

🗺 MAP P170 149

🏠 83 Bd. Ornano 75018 Paris
🚇 ④Porte de Clignancourt
📞 0142575849
🕐 月～木12:00-0:00、金・土12:00-翌2:00、日11:00-22:00
テラス／12:00-22:45、線路脇／12:00-22:00、コーヒーキオスク／8:00-12:00
€ ランチのセットメニュー€13.5、ディナー€11.5~14.5、コーヒー€1、ビール€3.5~
http://www.larecyclerie.com

軽食にアペロ、お茶タイム、ディナーなど、どの時間に行っても楽しめる

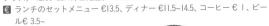

電車の模型があったりして、あちこちに遊び心満載

🗺 MAP P173 150

🏠 81 Rue du Charolais 75012
🚇 ①⑭RERⓐⒹGare de Lyon、①Reuilly-Diderot
🕐 水～金12:00-0:00（入場は23:00まで）・土11:00-0:00（入場は23:00まで）、日11:00-22:30（入場は21:15まで）　月火休　€ ビール€4~、グラスワイン€5~
https://www.groundcontrolparis.com

GROUND CONTROL
グラウンド・コントロール

大人の遊び心を刺激する、開放感いっぱいのイベントスペース

　広大な敷地を利用して、飲んだり、食べたり、カルチャーイベントを楽しんだり。みんなでワイワイやろう！という意図のもと、2014年に第一弾がスタート。以来、不定期に場所を変えながら、現在はパリ東部のリヨン駅の横にある鉄道会社の倉庫内で開催されている。中には、メキシカンやアジア料理などのフードスタンドや、ビールバーにワインカウンター、独自のFM局や卓球台、ショップにゲームセンターなどもあって、大人が童心に返って遊べる場所、といった感じ。ヨガや陶器の絵付け教室などカルチャーセンターにもなっている。

下・いつも席が埋まっている『Les Enfants du Marché』

オーガニックの食材やチーズ、花などを売る店も

MARCHÉS DES ENFANTS ROUGES

アンファン・ルージュの屋内マルシェ

フードスタンドが人気の常設マルシェで 各国のフードを食べ歩こう！

　オシャレ人間の集まる北マレ地区にあるこの常設屋内マーケットは、1615年に開業した、パリで最古のマルシェ。

　ここは普通のマルシェのように野菜やチーズなどを売る店のほか、バーガー、モロッコ料理、カリビアン系、日本食など、いろいろなジャンルのフードスタンドがあるのが特徴。中でも日本人女性のタエコさんが経営する日本食店『Chez Taeko（シェ・タエコ）』は、現地の人たちにも大人気で、タラのクリームコロッケや豚の味噌つけ焼き、カツ丼といった日本の定食屋さんにありそうなメニューは、どれもそそられるものばかり。一番奥にある、同じく日本人シェフ、生田政英氏の『Les Enfants du Marché』では、海と山の恵みがいっぱいのフレンチビストロ風料理を、スツールに座って屋台っぽくいただくのが醍醐味。席はすぐにいっぱいになるので、12時には着いていたい。フードスタンドは、ランチタイムだけのところや、アペロタイムにも営業しているところなど、お店によって異なる。

MAP P171 151

🏠 39 Rue de Bretagne 75003
🚇 ⑧Filles du Calvaire
📞 0140112040
🕐 火〜土8:30-19:30、日8:30-14:00　　月休
https://www.paris.fr/marches

広場周辺の道にも市が立つ。周りに食べ処が集まっているのは万国共通

✤ 12区・バスティーユ ✤

MARCHÉ D'ALIGRE
アリーグルのマルシェ

地元民に人気のマルシェで日常的なパリの食文化を発見

18世紀から地元民に愛されてきた、パリ市民の胃袋を支える市場。「ア
リーグル市場の近くに住みたいから」と、この地区限定でアパートを探
す人もいる。野菜や果物は特に安くて新鮮。魚介類を売る店では、寒い
時期になると貝殻つきのホタテが店頭に並んだりと、その季節に出まわ
るものだけを置いているので、マルシェを見て歩くことで旬のフランス
の食文化を感じることもできる。

屋内の常設市場のほか、場外の広場では骨董品や古本なんかも売って
いたりする。

ひと休みするなら、マルシェ横にある赤いひさしのカフェ『LE
PENTY』の名物ミントティー（2ユーロ）を。ほんのり甘くて、たっぷり
入った松の実がアクセント。値段は、カウンターで飲むのが一番安く、
店内、テラス、と場所が変わると少しずつアップする昔ながらのカフェ
スタイル。

『LE PENTY』のミントティー

MAP P173 152

🏠 Pl. d'Aligre 75012
🚇 ⑧Ledru-Rollin
🕐 火~金9:00-13:00、16:00-19:30、
　　土9:00-13:00、15:30-19:30
　　日9:00-13:30　月休
http://marchedaligre.free.fr

157

MARCHÉ BASTILLE

バスティーユのマルシェ

屋外マルシェで、週末のパリの朝を満喫

バスティーユ広場から伸びる大通り沿いにズラッとスタンドが並ぶこのマルシェは、地元民や観光客でいつも活気がある。野菜や肉、魚、パン、はちみつ、チーズ、花、オリーブ、地方の名産品など、思わずのぞきたくなるものがいっぱい。新鮮で美味しい魚介類がそろい、「パリNo.1の魚屋」に挙げる人も多い『Lorenzo』もある。ここは日本人シェフもひいきにしていて、お刺身で食べられる魚が買えるから日本人にはありがたい店。旬の時期には、生ウニや生牡蠣をその場で食べさせてくれる店もある。

産みたての卵や朝摘みいちごなど、スーパーでは買えない新鮮なものが買えるのも魅力。パイやサンドイッチを売るスタンドもあるので、食べながらそぞろ歩くのも楽しい。

食べ物以外にも、マルセイユ石鹸専門店や、雑貨、洋服を売る店もある。

MAP P173 153

🏠 Bd. Richard-Lenoir 75011
🚇 ①⑤⑧Bastille、⑤Bréguet-Sabin
🕐 木7:00〜14:30、日7:00-15:00
https://www.paris.fr/equipements/marche-bastille-5477

右2段目・モロッコ風パンケーキの店。食べ歩きおやつにぴったり

デリ

店内とテラスにイートインスペースあり

❧ 12区・バスティーユ ❧

Les Délices de Crète

レ・デリス・ドゥ・クレタ

すべてマダムの手作り。ワインにぴったりのクレタ島のお惣菜

お惣菜はすべてクレタ島出身のマダムの手作りという、アリーグル市場の近くにあるこのデリ。クレタ料理はギリシャ料理よりも野菜をふんだんに使うのが特徴だ。

ナスに炒めた野菜を詰めて、チーズをかけて焼いたグラタン風や、プリプリのタコ足が入ったサラダ、アーティチョークのマリネなどより取り見取り。ワインを買ってゆっくり家飲みしたい日や、友人を呼んでのアペロにもぴったり。美味しい手作りピタパンもぜひお供に。

MAP P173 154

🏠 154 Rue du Faubourg Saint-Antoine 75012
🚇 ⑧Faidherbe-Chaligny
📞 0143474271
🕐 月16:30-20:30、火-日10:30-20:30
💶 惣菜盛り合わせ:イートイン€12、テイクアウト€10.9、サラダ類は100g €3.6~

❧ 4区・マレ（現在パリ市内に63店舗）❧

MONOPRIX

モノプリの惣菜コーナー

種類が豊富でお手頃。スーパーのお惣菜コーナー

街のあちこちに見かけるスーパー『MONOPRIX（モノプリ）』。店の大きさによって差はあるが、チーズやお惣菜を量り売りするコーナーはほとんどの店舗にある。値段も街のお惣菜屋さんよりぐっと安めだ。番号札があれば取ってから順番を待ち、ないところは自分の番かな、と思ったら店員さんにアピールしよう。チーズは「ボヤージュ」と言えば真空パックにしてくれる。

MAP P172 155

🏠 71 Rue Saint-Antoine 75004　🚇 ①Saint-Paul
📞 0142741373
🕐 月-土9:00-21:00、日9:00-13:00
💶 サラダ類100g/€0.665~、サーモンのテリーヌ100g /€1.75
https://www.monoprix.fr

お惣菜は少量でもOK。ハムは1枚からでも

パリで買いたい
おみやげ図鑑

喜ばれる鉄板パリみやげといえば、有名ショコラティエのボンボンショコラ詰め合わせ。でも、夏は溶けるし、ちょっと変わったものを……という方におすすめしたい品をセレクト！

ジャック・ジュナン
Jacques Geninの『パート・ド・フリュイ』
(12個入り€12)

パート・ド・フリュイとはフルーツゼリーのこと。でもこの店のは果汁たっぷりでとろける食感がまるでピュレ。トマト、カボチャなど旬の野菜を使ったものもあり、好みで箱詰めしてくれる。1個でも。

🏠 133 Rue de Turenne 75003
📞 0145772901　🕐 火-日11:00-19:00(土は19:30まで)

とらやの『羊羹auショコラ』
(€17)

パリ店でしか買えない幻のアイテム、ビターチョコ入りひと口羊羹。あんことカカオは相性バツグンで、ラム酒がふわっと香るチョコのような、羊羹のような味は、お茶にもコーヒーにもぴったり。

🏠 10 Rue Saint-Florentin 75001
📞 0142601300　🕐 月-土10:30-19:00

『ラ・トゥール・ダルジャン』のオリジナル
ワイン(€14.9)とチーズ味ビスケット(€4.5)

フランス料理の名店『ラ・トゥール・ダルジャン』のソムリエが厳選したボルドーのロゼは、店のロゴ、鴨のイラストをラベルに使ったレアなボトル。チェダー風味のチーズビスケットもお供に。

🏠 2 Rue du Cardinal Lemoine 75005
📞 0143546253　🕐 月-金7:00-20:00、土日祝8:00-20:00

KODAMA(→P99)の
リーフティー(缶入り€10〜)

フレーバーは約40種類。とくにフルーツティーは、乾燥させた果実がゴロゴロ入っているので、煎じている間に果物の自然の甘さが溶けだしてとってもまろやか。自宅用にはお得な袋入りもある。

🏠 30 Rue Tiquetonne 75001
📞 0145088344　🕐 月-金、日13:30-19:00、土11:00-20:00

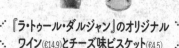

ヤン・クヴルー(→P122)の
板チョコ(€6.5)

クールなキツネのパッケージは、飾っておきたいくらいの可愛いさ。薄くてかさばらないので持ち運びにも便利。塩の粒入りミルクチョコや、キャラメリゼしたアーモンド入りビターなど6種類。

🏠 137 Rue Parmentier 75010
🕐 月-日8:00-20:00

専門ショップ以外で
おみやげを探すならコチラへ

［オペラ店］
🏠 28 Av. de L'Opera 75001
📞 0142617808
🕐 月-土9:00-22:00、
日10:00-22:00

・MONOPRIX モノプリ

手頃なおみやげがそろうスーパー
は心強い味方。中でもモノプリは、
自社ブランド商品が充実。おすす
めはタプナードなどのペースト類
や、粒入りのマロンクリームなど。
ゴマやシードをちりばめたクミン風
味の極薄クラッカーは、棚に並ぶ
とすぐに売り切れる超人気商品。

ゴーダチーズ味の
スナック（€0.99）

ヘーゼルナッツクリーム
入りウェハースチョコ
『TORTINA』（€2.29）

モノプリ自社ブランド商品

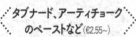

タブナード、アーティチョーク
のペーストなど（€2.55〜）

（飛行中の気圧でフタが開くことがあ
るので、ビニールなどで包むと安心）

ふすま粉で作った
極薄クラッカー（€2.35）

粒入りマロンクリーム
（€2.89）

・どこのスーパーでも買えるおすすめお菓子

『Michel et Augustin』
シリーズ（€2.45〜）

甘い系、しょっぱい系ともに充実。
ゴルゴンゾーラ、チェダーなどのチー
ズにチリや粒入りマスタードを効か
せたおつまみシリーズはイチオシ！

『ジェルブレ』の
健康ビスケット（€1.7〜3.5）

パリジェンヌがバッグに忍ばせてい
るヘルシーおやつ。日本未入荷の「ラ
イム＆バジル」「抹茶＆みかん」など
の新フレーバーが狙い目。

ここも CHECK

ギャラリーラファイエット
オペラ座裏手にあるグルメ
館。人気のボルディエバター
の種類も豊富。

🏠 35 Bd. Haussmann 75009
📞 0140235267
🕐 月-土8:30-21:30、日11:00-20:00

プランタン・グルメフロア
地方の名産品もそろう、まる
で食のミュージアム。絶景
のイートインエリアもある。

🏠 64 Bd. Haussmann 75009
（紳士館7、8階）
📞 0142825000
🕐 月-土9:35-20:00（木のみ
20:45まで）、日11:00-19:00

パリのエリア解説

　東京でも、「千代田区」「港区」「渋谷区」……など区の名前を聞けば、なんとなくどんなところかイメージが湧くはず。それと同じで、パリも「8区」ならシャンゼリゼや高級ブティック街などの華やかなエリア、「6区」はシックなサンジェルマン・デ・プレ、「19区」や「20区」だと、ちょっとラフなエリアもある下町……といった感じで、おおよそのイメージがある。

　ここ最近、FOODIEたちが足を運ぶのは、圧倒的にセーヌ北側の「右岸」だ。それも「9区」「10区」「11区」「17区」あたりが旬。区名は郵便番号の下2ケタでわかるのだが、新しくオープンした店のアドレスを見て、これらの地区だったりすると、FOODIEを意識したコンセプトであることが想像つく。

　FOODIEカルチャーが根付くエリアには理由がある。まず、観光地でないこと。それでいてそこそこ中心にあって行きやすいロケーションであること。フットワークの軽い若いカップルや好奇心旺盛な単身の外国人などが多い地区であること……などだ。

　また、アパレルや金融関係などのオフィスが多いエリアには、ランチ族をターゲットにした手軽で美味しい店が集まっている。客に男性会社員が多い店にハズレがない、というのは万国共通だ。

　ということで、この本でご紹介している店も、エリアが大きく偏っているのだが、逆にいえば、これらのエリアを探れば、美味しい店に当たる確率も高いということでもある。ちなみに本書で使用しているエリア名は、現地で「この辺りに行こう」というときによく使われるものだ。

MAP ① Champs-Élysées / Batignolles, etc.

シャンゼリゼ / バティニョール,etc.

　世界でもっとも有名な通りと言われる『シャンゼリゼ』。コンコルド広場を背に、凱旋門に向かって真っすぐに伸びるこの道はパリの象徴。かつてのように一流ブランドだけでなく、ファストファッションの店も出店するなど、時代とともに風景は変わってきているものの、いつ行っても「パリ」を感じる場所だ。

　ここ2、3年で急激におしゃれエリアに変貌している

のが17区のバティニョール。現在、政府が進めている、パリ首都圏を拡張する『グラン・パリ計画』のゲートウェイとなる立地条件から、どんどんモダンなアパートが建てられ、プチ・ブルジョワのような人種が流れ込んできた。また、お金はないが才能はある若いアーティストに安くアトリエを提供する自治体の取り組みもあり、ひねりのある店が集まる面白いエリアになっている。

MAP
2

Tour Eiffel / Montparnasse, etc.

エッフェル塔 / モンパルナス,etc

エッフェル塔がある7区には、ユネスコ本部や省庁のオフィスが並ぶ。高級住宅地でもあり、なんとなくほかのエリアとは異なる気品ある雰囲気が漂っている。塔の裾野にあたる15区はファミリー向けの住宅地。マルシェや公園も多く、住みやすいと人気だ。

国鉄モンパルナス駅界隈は、劇場街があり、夜遅くまで開いている店も多い。この駅の周辺に美味しいクレープ屋さんが集まっているのは、クレープの本場ブルターニュ方面へ向かう電車の発着地だから。毎週日曜のRaspail通りにはビオのマルシェが立つ。

モンパルナスの北側は、サンジェルマン・デ・プレのある6区。ウィンドウを見るだけで胸がときめくような店が集まる洗練されたエリアで、建物も街行く人も、「おしゃれで素敵なパリ！」というイメージそのもの。

サクレクール寺院が立つモンマルトルの丘は、石畳みの階段がある風景がなんともフォトジェニック。映画『アメリ』で脚光を浴びた麓のアベスも、可愛い雑貨屋やブティックが立ち並ぶ小粋な界隈になった。

SOPIは、"South Pigalle（南ピガール）"の略。Martyrs通りは話題の店がいち早く上陸するパリ随一のグルメ通り。個性的な店が続々オープンしているCondorcet通り周辺も要チェックだ。

サンマルタン運河沿いからヒップな波が広まった10区、とりわけFaubourg Poissonnière通り周辺は、エッジの効いた店が集まる今一番面白い場所。夜遊び人間ならオベルカンフへ。地元民が集うのは、Saint-Maur通りやJean-Pierre Timbaud通り周辺だ。

モントルグイユは、パリ最古のグルメストリート。アパレル系の会社が多く、感度の高い人たちが通う店が見つかる。

MAP
4

Quartier latin / Charonne, etc.

カルチェラタン / シャロンヌ,etc

5区と6区にまたがるカルチェラタンは、いつ行っても活気がある。ソルボンヌ大学を筆頭に学校も多いから、学生が好きそうなカジュアルな店には困らない。5区は「ポスト11区」ともいわれていて、話題のビストロが立て続けにオープンしている。Mouffetard通りやMonge通りは、美味しい店が集まる左岸きってのグルメスポットだ。

シャロンヌは、フランス革命で有名なバスティーユ広場の東側。パリの若者の日常を描いた96年の大ヒット映画『猫が行方不明』の舞台になった伝説の『ポーズ・カフェ』もあり、リアルなパリジャンライフがのぞけるエリア。11区は「ナチュラルワイン」の宝庫でもあり、「11区のワインバーは100％ナチュラルワイン」と例える店主もいるほど。今パリでナンバー1のFOODIEスポットだ。

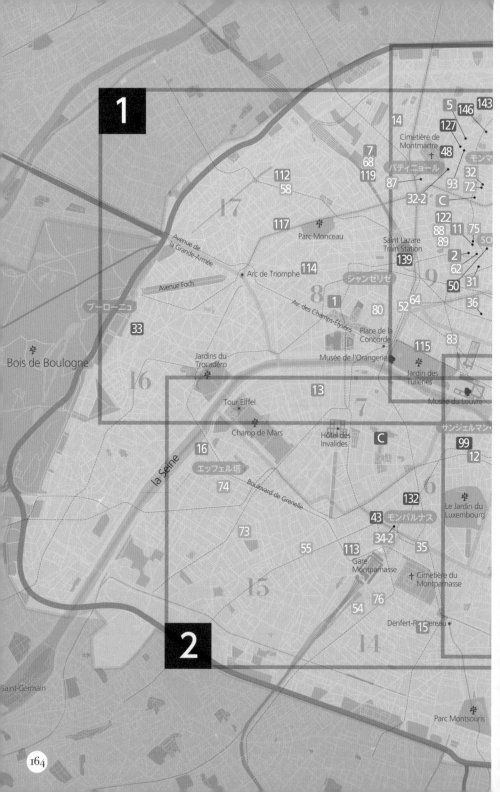

1

14

5 146 143
127
Cimetière de
Montmartre
48 モンマ
パティニョール
7
68
119
87
112
58
32-2 C
93
72
32
117
Parc Monceau
Saint Lazare
Train Station
122
88 11 75
89
114
Arc de Triomphe
139
シャンゼリゼ
2
62
50 31
Avenue de
la Grande-Armée
Avenue Foch
9
8
1
80
52 64
36
ブーローニュ
33
Place de la
Concorde
Musée de l'Orangerie
115
83
Bois de Boulogne
Jardins du
Trocadéro
13
Jardin des
Tuileries
Musée du Louvre
16
7
サンジェルマン
Tour Eiffel
Hôtel des
Invalides
C
99
12
Champ de Mars
16
エッフェル塔
Le Jardin du
Luxembourg
74
la Seine
Boulevard de Grenelle
6
132
43 モンパルナス
73
55
113
34-2
35
Gare
Montparnasse
Cimetière du
Montparnasse
15
76
54
Denfert-R...ereau
15

2

14

Saint-Germain

Parc Montsouris

149
116
61
77
103
ルトル
Sacre-Cœur
C 3
123
Gare du Nord
18
10
19
Parc des Buttes-Chaumont
C
4 131
98
100 45
39
19
Gare de l'Est
サンマルタン運河
ビュット・ショーモン
6
34
ボワソニエール
27
133 59 26 44 42 53 94
ベルヴィル
29
118 20
82 91
オペラ
67 90
79 110
Place de la République
オベルカンフ
41 145
136
20
24
C
92 85 107 121
124
130
135 23 65
104 メニルモンタン
モントルイユ
134
8
142 151 71 78 141
86
Cimetière du Père Lachaise
30
マレ
9 38 57 69 96 25 95
レ・アル
56 125 60
153
137 120 46 140 129
シャロンヌ
106
テ・プレ
66 147
37 22
140
101
70 155
21 97 102 111 17
144 49
105
138 C 126
バスティーユ
81 カルチェラタン
47
128 10 152 28 154 18 84
Place de la Nation
40
63
La Ménagerie, le zoo du Jardin des Plantes
Paris Gare de Lyon
150
108
5
Gare d'Austerlitz
12
C
Parc de Bercy
ベルシー
148 51
4

Bois de Vincennes

13

17

カ・エル パティスリー P124 **112** Av. de Wagram

Wagram ③ Ⓜ

ル・ギャルド・モンジェ P78 **58**

Rue de Courcelles

ディディエ・フーロー P129 **117**

Courcelles ② Ⓜ

Ternes ② Ⓜ   Bd. de Courcelles

Ⓜ Porte Maillot ①

Avenue de la Grande-Armée

8

Bois de Boulogne

Charles de Gaulle Étoile • Arc de Triomphe
① ② ⑥ RER Ⓐ Ⓜ

Av. des Champs-Élysées   シャンゼリゼ

Ⓜ Porte Dauphine ②

George V ① Ⓜ

フーローニュ

Av. Foch

Av. Victor Hugo

Av. Kléber

Av. d'Iéna

Av. Marceau

Av. George V

Pl. Victor Hugo

33 スタジオ アルクール パリ P53

Rue de Lota

Av. Raymond Poincaré

イヴ・サン・ローラン美術館
Musée Yves Saint Laurent

Ⓜ Alma-Marceau ⑨

Ⓜ Rue de la Pompe ⑨

パレ・ド・トーキョー •
Palais de Tokyo

Av. George Mandel

Ⓜ Trocadéro ⑥ ⑨
Place du Trocadéro

Jardins du Trocadéro

16

ケ・ブランリー・ジャック・シラク美術館
Musée du Quai Branly-Jacques Chirac

エッフェル搭
Tour Eiffel

Champs de Mars Tour Eiffel - RER Ⓒ

Champ de Mars

N
300m

Ⓜ Guy Môquet ⑬

14 ル・975 P34

18

Ⓜ Brochant ⑬
Av. de Clichy

プルチネッラ P69 **48**

Cimetière de
Montmartre

モンマルトル

7 コム・シェ・ママン P28
68 ドース P86

Square des
Batignolles

119 スクープ・ミー・
ア・クッキー P130

87 ル・バル P100

パティニョール

Bd. de Clichy

Bd.des Batignolles

Ⓜ Malesherbes ③
Av. de Villiers

Ⓜ Place de Clichy ②⑬
Pl. de Clichy

Ⓜ Pigalle ②⑫

Ⓜ Rome ②

122 シー・ドーナッツ P133

Ⓜ Villiers ②③

88 ブランシュ P101

Ⓜ Monceau ②

89 ハノイ・コーナー P101

SOPI

Parc Monceau

Saint Lazare
③⑫⑬⑭

Ⓜ Trinité ⑫

ラザール P146 **139** Ⓜ

9

114 獺祭xジョエル・ロブション P126

Ⓜ Saint-Augustin ⑨

Saint-Philippe du Roulé ⑨

パレ・ガルニエ(オペラ座)
Palais Garnier

Ⓜ Chaussée d'Antin - La Fayette ⑦⑨

Rue du Faubourg
Saint-Honoré

マドレーヌ寺院食堂 P73 **52**

64 アトリエ・ポキ P82

Ⓜ Richelieu - Drouot
⑧⑨

1 ル・メルモズ P22

80 オノー P95

Ⓜ Opéra ③⑦⑧

オペラ

Ⓜ Madeleine ⑧⑫⑭

Ⓜ Quatre-Septembre ③

2

Ⓜ Franklin D. Roosevelt ①⑨
Av. des Champs-Élysées

Ⓜ Champs-Élysées
- Clemenceau ①⑬

Pl. Vendôme

83 ル・ロック・ホテル&スパ P97

グラン・パレ
Grand Palais

Ⓜ Concorde ①⑧⑫

Rue Saint-Honoré

Ⓜ Pyramides ⑦⑭

プティ・パレ
Petit Palais

ラ・パティスリー・デュ・ムーリス・ **115**
パー・セドリック・グロレ P127

Ⓜ Tuileries ①

Musée de l'Orangerie

Jardin des
Tuileries

Ⓜ Palais Royal -
Musée de Louvre ①⑦

レ・アル

Ⓜ Invalides ⑧⑬ RER ⓒ

Musée de l'Orangerie

la Seine

Musée du Louvre

13 ル・ジャンティ P34

Ⓜ La Tour-Maubourg ⑧

エッフェル塔
Tour Eiffel

Champ de Mars

アンヴァリッド・
Hôtel des Invalides

Ⓜ École Militare ⑧

Ⓜ Bir Hakeim ⑥

la Seine

16 ル・コンセール・ドゥ・キュイジーヌ P35

エッフェル塔

Ⓜ Dupleix ⑥

Bd de Grenelle

オー・コーヒーショップ P92 **74**

Ⓜ La Motte-Picquet Grenelle
⑥⑧⑩

Rue Linois

Rue de Lourmel

Charles Michels ⑩Ⓜ

Bd. Garibaldi

Rue du Commerce

Rue Cambronne

Rue de Volontaires

Commerce ⑧Ⓜ

グッドニュース・コーヒーショップ P91 **73**

Rue Mademoiselle

Félix Faure ⑧Ⓜ

ル・ドラポー・ドゥ・ラ・フィデリテ P76 **55**

Rue de la Croix Nivert

Ⓜ Volontaires ⑫

Rue Lecourbe

Rue de Vaugirard Ⓜ Vaugirard ⑫

15

Ⓜ Porte de Versailles ⑫

Ⓜ Porte de Vanves ⑬

N
300m

M Assemblée Nationale ⑫

M Musée d'Orsay RER ⓒ

Musée du Louvre

la Seine

M Solférino ⑫

M Rue du Bac ⑫

サンジェルマン・デ・プレ

C ル・グラン・ボル P63

フレディーズ P111 **99**

Saint-Germain-des-Prés ④ M

ボタン・デ・ラ・ヴィーニュ P33 **12**

M Odéon ④⑩

Bd. St-Germain

Rue de Babylone

M Sèvres - Babylone ⑩⑫

Rue de Sèvres

Rue du Cherche Midi

Rue de Rennes

M Rennes ⑫

Le Jardin du Luxembourg

Bd. Saint-Michel

レトワール・デュ・ベルジェー P140 **132**

M Duroc ⑩⑬

Saint-Placide ④ M

M Luxembourg RER ⑧

Bd. Raspail

Rue d'Assas

43 マイ・ド P64   モンパルナス

Rue de Vaugirard

34-2 ブイヨン・シャルティエ2号店 P54

モンパルナス・タワー
Tour Montparnasse

M Pasteur ⑥⑫

M Vavin ④

ラ・クーポール P55 **35**

Bd. du Montparnasse

Bd. Pasteur

113 デ・ガトー・エ・デュ・パン P125

Gare Montparnasse

M Port-Royal RER ⑧

M Montparnasse - Bienvenüe
④⑥⑫⑬

Cimetière du Montparnasse

Bd. Arago

76 ヘキサゴン・カフェ P93

54 シェ・ヴィクトール P75

M Pernety ⑬

Av. du Maine

Rue du Château

M Denfert-Rochereau ④⑥ RER ⑧

Rue Raymond Losserand

Rue Pernety

Denfert-Rochereau

15 オ・プリュム P35

14

Rue d'Alésia

クリニャンクールの蚤の市
Les Puces de Clignancourt

ラ・リサイクルリー P155 149 Ⓜ Porte de Clignancourt ④

ル・サジテール P26 5　ル・ルイソー P150 143　116 ムッシュー・キャラメル P128

Rue Guy Môquet Ⓜ Guy Môquet ⑬

14 ル・975 P34

ボリス・リュメ P137 127　ブルル P152 146

プルチネラ P69 48　Rue Lamarck

Lamarck Ⓜ - Caulaincourt ⑫　61 ソウル・キッチン P80

ロミ P93 77　Ⓜ Marx Dormoy ⑫

リベルテ P140 133

Jacques Bonsergent ⑤

ル・ルレ・ガスコン 2号店 P52 32-2

93 ホテル・パティキュリエ・モンマルトル P103

サクレクール聖堂 Basilique du Sacré Cœur

ハウス・オブ・スリー・ブラザーズ P132 121

87 ル・バル P100

ムーランルージュ Moulin Rouge

32 ル・ルレ・ガスコン P52

72 シロン P90

Ⓒ ブイヨン・ピガール P54

Anvers ②

Barbès - Rochechouart Bd-de-la-Chapelle

Abbesses ⑫ Ⓜ

Bd. de Clichy Ⓜ Blanche ②

Place de Clichy ②⑬

Pigalle ②⑫

Bd. de Rochechouart

Ⓒ レ・アルロ P24

3 ビリリ P24

Gare du Nord ④⑤ RERⒷⒹ

ソー・ドーナッツ P133 122

ブランシュ P101 88

Saint-Georges ⑫ Ⓜ

ル・ククー P25 4　131　パニフィカ P139

SOPI　98 ラ・カーヴ・オ・リオン P110

75 ラ・カンパニー・デュ・カフェ P92

ハノイ・コーナー P101 89

レストランKozo P32 11

ミュウ P23 2

ソー・ナット P80 62

ジュスト P51 31

50 ガブリエッラ P70

グラシエール1891 P133 123

カフェ・スークープ P59 39

34 ブイヨン・シャルティエ P54

Ⓜ Poissonnière

100 ル・ベル・オーディネール P112

ベー・エム・カ P66 45

ホーリーベリー5 P41 20

ブラックバーン・コーヒー P102 91

ラザール P146 139

Ⓜ Saint-Lazare ③⑫⑬⑭

Rue St. Lazare

Bd-Haussemann

アトリエ・ポキ P82 64

52　マドレーヌ寺院食堂 P73

Ⓜ Madeleine ⑧⑫⑭

パレ・ガルニエ(オペラ座) Palais Garnier

Opéra ③⑦⑧⑨

ア・ノスト P56 36

19 アダー P40

82 レ・ドゥ・オ・コアン P96

オーブ P102 90

Grands Boulevards ⑧⑨ Bd. Poissonnière

Bonne Nouvelle ⑧⑨

Strasbourg - Saint-Denis ⑧⑨

ラ・ロティスリー・ギャロパン P49 29

ラ・パティスリー・デュ・ムーリス・パー・セドリック・グロレ P127 115

83 ル・ロック・ホテル&スパ P97

メゾン・サラ・ラヴォワンヌ P97 Ⓒ

マタマタ P103 92

シャカン・セ・グー P134 124

Tuileries ①⑦

Musée de l'Orangerie

Jardin des Tuileries

パレ・ロワイヤル庭園 Jardin du Palais Royal

la Seine

Musée du Louvre

カフェ・ランデヴー P76 56

Quatre - Septembre ③

Bourse ③

フレンチー・トゥ・ゴー P84 67

プラーク P129 118

コダマ P99 85

109 ザ・フロッグ&ロスビフ P120

107 ホテル・ナシオナル・デ・ザール・エ・メティエール P118

134 ボー・エ・ミー P141

30 モビリス・イン・モビリ P50

Étienne Marcel ④

Les Halles ④ RERⒶⒷⒹ

フォーロム・デ・アール Forum des Halles

シェ・アラン・ミャム・ミャム P149 142

125 グラース・バシール P134

3

レ・アル **56** カフェ・ランデヴー P76

125 グラース・バシール P134

Les Halles
④ RER Ⓐ Ⓑ Ⓓ Ⓜ

フォーロム・デ・アール
Forum des Halles

Rue de Temple

Rue des Archives

Saint-Sébastien
- Froissart ⑧ Ⓜ

Rue de Rivoli

Musée du Louvre

ポンピドーセンター
Centre Pompidou

Rue Vieille du Temple

コーリュス P30 **9**

C ル・スー・ボック P120

Châtelet
① ④ ⑦ ⑪ ⑭ RER Ⓐ Ⓑ Ⓓ Ⓜ

Rue Sainte-Croix
de la Bretonnerie

66 ラ・ドロゲリー P84

マレ

Ⓜ Hôtel de Ville
① ⑪

Rue des Rosiers

147 シェ・ハンナ P152

Chemin Vert ⑧ Ⓜ

Rue des
Francs Bourgeois

99 フレディーズ P111

île de la Cité

St Paul ① Ⓜ

ヴォージュ広場
Place des Vosges

12 ボタン・デ・ラ・ヴィーニュ P33

ラ・カフェオテーク P88 **70**

Rue Saint-Antoine

Place de
la Bastille

Saint-Michel ④

ノートルダム大聖堂
Cathédrale
Notre-Dame de Paris

モノプリ P159 **155**

サンジェルマン・デ・プレ

パリ大学
Universités Paris

138 サーカス P143

Ⓜ Pont Marie ⑦

C ペニーシュ・マルクーネ P119

Bastille
① ⑤ ⑧ Ⓜ

Odéon ④ ⑩

Bd. Saint-
Germain

81 クチューム・
アンスティチュ P95

Quai de la Tournelle

île Saint-Louis

Rue Saint-Louis en l'île

Bd. Henri IV

Bd. de la Bastille

Maubert
-Mutualité ⑩

カルチェラタン

C ラ・トゥール・ダルジャン P136

クッチーナ P68 **47**

126 ル・ブーランジェ・ドゥ・ラ・トゥール P136

la Seine

40 トラン・トラン・ザイ P62

Le Jardin du
Luxembourg

Rue Saint-Jacques

パンテオン
Panthéon

Ⓜ Cardinal Lemoine ⑩

Rue Monge

Luxembourg
RER Ⓑ Ⓜ

63 オノ・ポキ P81

La Ménagerie,
le zoo du Jardin
des Plantes

5

Rue Mouffetard

モンジュ市場
Marché Monge

Gare
d'Austerlitz

108 カフェ・ユニヴェルセル P119

Ⓜ Censier - Daubenton ⑦

Ⓜ Port-Royal RER Ⓑ

C ル・ベル・オーディネール2号店 P112

Bd. de Port Royal

Bd. St-Marcel

Bd. de l'Hôpital

13

Av. de Gobelins

Bd. Vincent Auriol

Pl. d'Italie

Place d'Italie ⑤ ⑥ ⑦ Ⓜ

86 ブロークン・ビスケット P100

60 ル・グラン・ブレゲ P79

137 テン・ベルズ・ブレッド P143

46 ガルム P67

120 ラ・カーヴ・ア・デセール P131

96 クー・ドイユ P108

140 シェザリーヌ P147

25 カフェ・デュ・コアン P45

129 ブーランジェリー・ガナ P138

Ⓜ Philippe Auguste ②

95 ヤード P107

Cimetière du Père Lachaise

Bréguet - Sabin
Ⓜ ⑤

Rue Bréguet

Rue Sedaine

Ⓜ Voltaire ⑨

Rue de la Roquette

Bd. Voltaire

102 セプティム・ラ・カーヴ P113

22 ランデュストリー P43

37 ル・カフェ・デ・シャ P57

106 アウトランド P117

Ⓜ Alexandre Dumas ②

バスティーユ

97 ル・シャ・イーヴル P109

シャロンヌ

Ⓜ Charonne ⑨

101 フルギュランス・オン・ファス P113

21 パパ・プウル P42

Rue de Charonne

17 フルギュランス P38

144 ブレンド P151

28 マミー・ビドシュ P48

Rue des Boulets

Ⓜ ⑨

Ledru-Rollin ⑧
Ⓜ

111 ラ・パティスリー・シリル・リニャック P123

153 バスティーユのマルシェ P158

Rue de Lyon

Av. Ledru-Rollin

Ⓜ ⑧
Faidherbe - Chaligny

Rue Faubourg Saint-Antoine

Av. Philippe Auguste

• Place de la Nation

Ⓜ
Nation ①②⑥⑨ RER Ⓐ

84 メル、ミック&マルタン P98

ブレ・ジュクレ P138 128

18 モコナッツ P39

Bd. Diderot

イースト・マンマ P69 49

154 レ・デリス・ドゥ・クレタ P159

105 フォーヴ・クラフト・ビエール P116

Gare de Lyon Ⓜ
①⑭ RER Ⓐ Ⓓ
Paris Gare de Lyon

152 アリーグルのマルシェ P157

10 ヴィルチュス P31

150 グラウンド・コントロール P155

12

Av. Daumesnil

Ⓜ Bercy ⑥⑭
Bd. de Bercy

4

Parc de Bercy

ベルシー

国立図書館
Bibliothèque Nationale

51 ラ・バージュ・デュ・クルー・ドゥ・パリ（パリ市学生食堂）P72

148 ラ・フェリチータ P154

Bibliothèque
François Mitterrand ⑭ RER Ⓒ
Ⓜ

la Seine

パリ
メトロ乗り方ガイド

　パリにはメトロ（地下鉄）が14ラインと、『RER』と呼ばれる郊外行き列車がA〜D線までの4系統走っている。メトロは、どれだけの距離を乗っても、何回乗り換えても、1行程につき1枚のチケット『Ticket t+』（2019年11月現在1.90ユーロ、10枚つづりの回数券カルネ/Carnet16.90ユーロ）で利用できる。バスやトラムでも使えて、RERもパリ市内の区間なら利用可能。たとえばパリ市の外側にある新凱旋門の最寄り駅『La Défense』は、メトロ1号線とRERのA線で行けるけれど、RERで行くなら別料金だ。また、バス＋バス、バス＋トラムなら、1時間半以内であれば1枚のチケットで乗り継ぎできる（メトロは電車同士のみ）。

　カルネは駅の券売機のほか、エメラルドグリーンに『RATP』と書かれた表示がある、街のタバコ屋さんや雑誌店でも買える。

　交通系ICカード『Navigo』は、利用するゾーンによって値段が変わり、パリ市内で使う場合は自動的に全ゾーンをカバーする『Toutes Zones』になる。1週間券は22.80ユーロで、シャルル・ドゴール空港やベルサイユ宮殿など郊外に行くときにも使えるのでお得だが、問題はどの曜日に買っても「月〜日曜日までの7日間」というサイクルでしか利用できないこと（翌週の分は金曜から購入可）。75.20ユーロの1カ月券も同様に「月縛り」だ。

　メトロの券売機付近や車内にはスリが多発しているので、バッグやスマートフォンからは目を離さないよう注意が必要だ。キセル常習犯も多く、改札を一緒に通ろうとして後ろから密着してくる。それを装ってバッグを狙う悪党もいるのが厄介だ。

　メトロやバスを運営する『RATP』のアプリは、今いる場所に近いバス停や駅、目的地までの交通手段、待ち時間も表示してくれるのでダウンロードしておくと便利。

メトロ⑩⑬号線のDUROC駅。ロックフェス期間だけDUROCKに!?

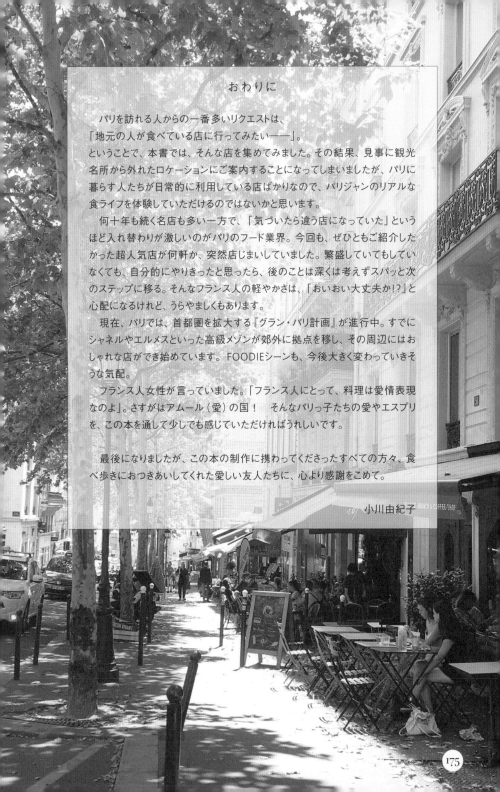

おわりに

　パリを訪れる人からの一番多いリクエストは、
「地元の人が食べている店に行ってみたい──」。
ということで、本書では、そんな店を集めてみました。その結果、見事に観光
名所から外れたロケーションにご案内することになってしまいましたが、パリに
暮らす人たちが日常的に利用している店ばかりなので、パリジャンのリアルな
食ライフを体験していただけるのではないかと思います。

　何十年も続く名店も多い一方で、「気づいたら違う店になっていた」という
ほど入れ替わりが激しいのがパリのフード業界。今回も、ぜひともご紹介した
かった超人気店が何軒か、突然店じまいしていました。繁盛していてもしてい
なくても、自分的にやりきったと思ったら、後のことは深くは考えずスパッと次
のステップに移る。そんなフランス人の軽やかさは、「おいおい大丈夫か!?」と
心配になるけれど、うらやましくもあります。

　現在、パリでは、首都圏を拡大する『グラン・パリ計画』が進行中。すでに
シャネルやエルメスといった高級メゾンが郊外に拠点を移し、その周辺にはお
しゃれな店ができ始めています。FOODIEシーンも、今後大きく変わっていきそ
うな気配。

　フランス人女性が言っていました。「フランス人にとって、料理は愛情表現
なのよ」。さすがはアムール（愛）の国！　そんなパリっ子たちの愛やエスプリ
を、この本を通して少しでも感じていただければうれしいです。

　最後になりましたが、この本の制作に携わってくださったすべての方々、食
べ歩きにおつきあいしてくれた愛しい友人たちに、心より感謝をこめて。

小川由紀子

小川由紀子 Yukiko Ogawa

ブリティッシュロックに魅せられて92年に渡英。99年からはパリに拠点を移し、フリーランスのライターとして、フットボールやバスケットボール、ラグビーなど、欧州のスポーツシーンを中心に取材、執筆している。やることは大胆だが根は繊細、雄弁だけれど小心者、クールに見えるが人情派、なフランス人たちに感化されつつ、ひそかに超遅咲きのジャズピアニストデビューを目指し、日々練習に励む。

ブックデザイン：石垣由梨 (ISSHIKI)
DTPオペレーション：貞末浩子
写真：小川由紀子
  Keico Rico ／ P32『Restaurant Kozo』
  CHEN Wei-Hsun ／ P63『Le Grand Bol』
  岡崎いづみ ／ P69『East Mamma』
  kiko Fujii ／ P107『YARD』、
      P118『HOTEL NATIONAL DES ARTS ET METIERS』
  Sachie Ledey Takeuchi ／ P109『LE CHAT IVRE』
  本林史子／ P158『MARCHÉ BASTILLE』

地図製作：小林哲也
編集協力：手塚よしこ
編集：滝川昂、小室聡 (株式会社カンゼン)

PARISFOODIE
パリ・フーディー
❖ パリ レストランガイド ❖

発行日 2020年1月6日 初版

著 者 小川 由紀子
発行人 坪井義哉
発行所 株式会社カンゼン
   〒101-0021
   東京都千代田区外神田2-7-1 開花ビル
   TEL 03 (5295) 7723
   FAX 03 (5295) 7725
   http://www.kanzen.jp/
   郵便振替 00150-7-130339
印刷・製本 株式会社シナノ

ご意見、ご感想に関しましては、**kanso@kanzen.jp**まで
Eメールにてお寄せ下さい。お待ちしております。